自宅で最期を迎える準備のすべて

本人と家族のための

正看護師/心理カウンセラー/看取り士
大軒愛美

自由国民社

はじめに

私の父は、突然の事故により、帰らぬ人となりました。

通勤途中に起こった出来事であり、まだ30代という若さであまりにも早く、そして予期せぬ、急すぎる最期でした。

人生において、起こりえないようなことが現実として起こるのだと、当時4歳の私は身をもって実感しました。


日本の死因の第一位はがんです。もしもある日、あなたが体の調子が悪く、病院に受診をして、精密検査の結果がんであることが分かりました。そして、医師から余命宣告を告げられたら、どのように感じますか。

絶望的になり、とても受け入れられないと思うかもしれないですね。

それまで意識していなかった「死」が急に現実味を帯び、悲しみのどん底に突き落とされた気分になるかもしれないですね。

人は必ず亡くなります。死亡率100パーセントなのです。そのこと

は頭では分かっていても、

「なんて自分は不幸なんだ」

「なぜ自分が、がんになるんだ」

と落胆するかもしれないですね。

余命宣告を受けたら、確かに、精神的ショックは大きいと思います。

しかし、不幸や不運ではないと思います。私はむしろ逆だと思います。

あとどれくらいで最期を迎えるかが分かる、ということは逆に言うと、あと残りどれくらい生きる時間があるのかが分かる、ということです。

つまりそれは、亡くなるための準備時間が与えられたのだと私は思います。「後悔なく最期の時間を過ごしてください」という、はからいであり「生」から「死」への移行期間なのです。

人が亡くなるには何かと準備が必要です。身辺整理や手続きといった物理的なものだけではなく、目に見えない心の部分も含まれます。

また、それは自分だけではなく、家族にとっても同様で、やはり受け入れるための準備や時間が必要です。だからこそ私は、余命宣告をされたら、「死」までのカウントダウンが始まり、同時に「死」を受け入るための、〝準備時間〟をプレゼントされたので、実はとても幸運なことだと思います。

人が死を意識し始め、最期をどこの場所で過ごしたいかと聞かれると、多くの人は「自宅」と答えます。統計にもこの結果が表れています。

それにもかかわらず、現実問題として、望んでいない「病院」で最期を迎えている方が非常に多いです。私は、なぜだろうと考えました。

その原因は、自宅で亡くなっている方の事例が少なく、実践しようと思い、調べようと思っても、世の中に本や資料が少ないのです。特に実用書となると、ほとんどないのではないでしょうか。

自宅で最期を迎えようと思っても、手続きなど、どこに行き、何を、どのようにしたらよいのかが分からなければ、途方に暮れてしまいます。そこで本書は、私が看護師としていくつもの病院で務めた経験と、在宅で関わった経験も活かし、自宅で穏やかに最期を迎えるための実用書としてまとめました。

冒頭でもお伝えしましたが、私の父は突然、天国へ旅立ってしまいました。そのため、私たち家族は何の準備もできませんでした。

というよりは、父が思い描く最期が、どのようなものか生前、話ができませんでした。急すぎて、数ある選択肢の中から一番良い選択肢を選ぶといった時間の余裕もありませんでした。

そして、突然死がもたらすものは、家族にとっても、恐らく本人にとっても心に大きな傷跡が残る、最期です。できれば、他の方には、同じような思いはしてほしくないと思います。事故死と病死では見解が違う部分もあることは承知していますが、それでも辛い思いをする人を減らしたいと私は考えています。

自分の経験を通して、私は思います。

人生の終焉が刻一刻と近づく中で、自分の半生を振り返り、今後のことを考える時間があるのなら、よりよい最期を迎えられるように、準備や整理をしてほしいと思います。

「時間はあったのに何も準備をしなかった」

「自宅で最期を迎える準備が分からなかった」

と後悔だけは、してほしくないのです。

本書は、もしも、私の父が生きていたら、――家族としてできるサポート（「家族目線」）、看護師として働いたから分かる自宅で最期を迎えられる方法（「看護師目線」）――この両方の視点で、まとめました。

自分ができなかったことではありますが、皆さんが悔いを残さないために、自宅で最期を迎えるための本として、活用してもらえたら、幸いです。それではどうか、人生の最期を皆さんが望む「自宅」にて、穏やかに過ごせたら、と思います。

もくじ

第2章

自宅こそ幸せな最期を過ごす場所
その日を迎える前に知っておきたいこと

第3章

自宅死の準備の仕方 納得して選べば後悔しない

第4章

自宅に帰ったあとの日々 自由で幸せな時間が過ごせる

第5章

旅立つ準備について
最期の兆候を知り
悔いのない看取りを

企画協力／松尾昭仁（ネクストサービス）
出版プロデュース／中野健彦（ブックリンケージ）
編集／野口英明
構成／永峰英太郎
カバーデザイン／ＪＫ
本文デザイン・ＤＴＰ／久保洋子
制作進行／石井新吾（プリ・テック）

第1章

病院は治療する場所
なぜ病院で最期を迎えることは良くないのか

□□

変化する終の棲家
1950年は8割が自宅、現在は8割が病院

『人口動態統計』（厚生労働省大臣官房統計情報部）によると、日本人が自宅で亡くなる割合は、1950年代前半で8割を超えていました。一方、病院で亡くなる人の割合は1割程度でした。しかしその後、病院で亡くなる方の割合が増加していき、1976年には自宅で亡くなる方の割合を上回りました。

なぜ、昔は自宅で亡くなる方が多かったのでしょうか。

1つ目に挙げられる理由は、病院の制度そのものが確立していなかったという点です。1955年の一般病床数は31万床です。ところが、2015年には133万床となっています。一般庶民が気軽に足を運べる場所ではなかったのです。

2つ目の理由は、昔は医療保険制度が未整備だったという点です。ご承知の通り、現在の日本は、すべての国民に対し、公的な医療保険制度への加入を義務付けています。これを国民皆保険制度といい、患者さんはかかった医療費の1〜3割を負担すれば済むようになっています。

この国民皆保険制度が確立されたのは、1961年です。それ以前は、1938年施行の旧国民健康保険法がありましたが、加入が任意だったこともあり、国民の3分の1は未加入でした。

このような背景により、病院に行く選択をせず、家で最期を迎えるケースが、昔は多かったのです。病院死の割合が自宅死の割合を上回ったのは1976年だと先述しましたが、それでも当時、自宅で最期を迎える人の割合は4割程度でした。

その後、病院死の割合はどんどん増え、2000年代には8割を超えました。近年は7割から8割の間で推移しています。皮肉なことに、医療レベルの向上が病院死増加の要因になったのです。それはどういうことでしょうか。

昔は、たとえ病院で診てもらっても、治らない病気だと分かれば、自宅での療養が普通でした。しかし医療レベルが上がっていくと、治療できる病気が増えていき、患者さんは通院をしながら、ある程度、時間をかけて治していくようになります。さらに、一定期間、集中的に治療が必要な場合は、入院という措置も取るようになります。

こうして治療期間が長くなっていく中で、1つの弊害が起こります。合併症を引き起こす患者さんが増えていったのです。例えば、糖尿病の治療中に脳梗塞や動脈硬化といった病気を併発して、入院がさらに長期化していくのです。

また長い入院生活で、別の問題も出てきます。ベッドで過ごす時間が長くなることで、寝たきりになり、筋力が落ち、歩けなくなるといった状態になるのです。

この状態になると、自宅での療養は極めて難しくなります。家族にしても「入院したままで、病院にみてもらいたい」と希望を言うようになり、その結果、最期は病院で迎える人の割合が増えていったのです。

先進国の中で、病院死が8割程度で推移しているのは日本だけです。フランスは5割台、アメリカは4割程度、オランダは3割以下となっています(次ページ参照)。

日本の高齢化率は、2025年には約30パーセントに達するとみられます。厚生労働省の推計によると、超高齢社会に突入した日本では、年間死亡者数は2015年では130万人であり、2040年には168万人に達し、過去最多と予想され、年間死亡者数が約38万人増加と予測されています。このままでは、病院で亡くなる方の割合が現状近くで推移することはあっても、劇的に下がることはないでしょう。

そこで厚生労働省は、膨張する医療費を抑えるため、病院医療よりも安価な在宅医療への切り替えを推進しています(厚生労働省は、医療費抑制を目的に病床の機能分化・再編による病床数削減を図りながら、2038年に病院以外の「在宅死」を40パーセントに引き上げる方針)。

在宅医療の費用については後述しますが、現在、医療費の抑制、病院死の質の問題、社会的価値観の変化などから、自宅死を考える機運が高まっているのです。

日本人の「死に場所」は
どのように変化したか？

病院と施設で死ぬ日本人

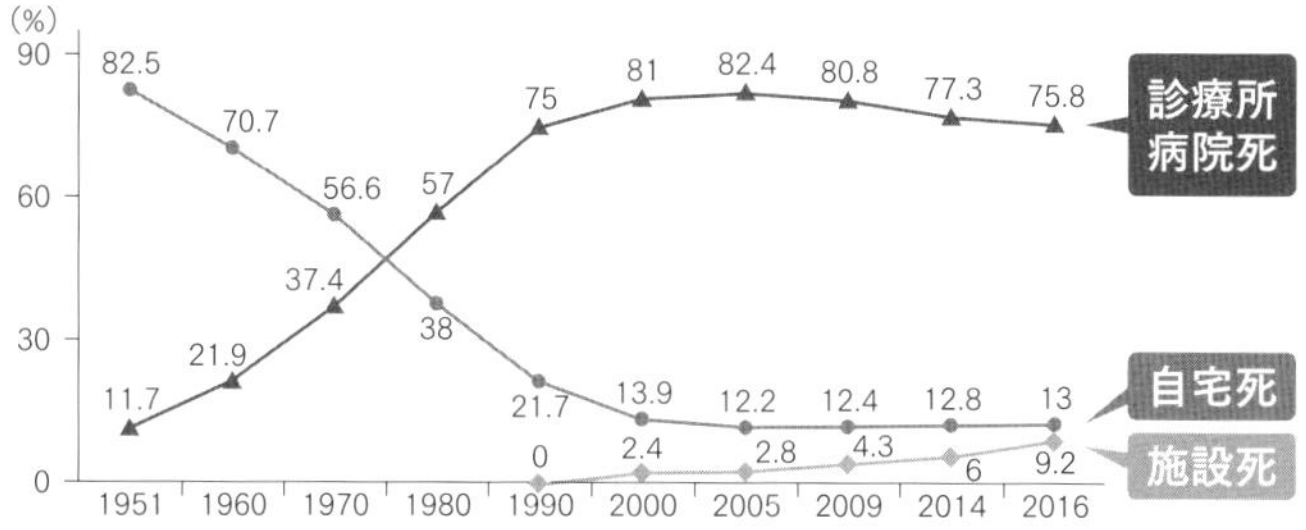

出典：人口動態統計、2016年（厚生労働省大臣官房統計情報部の調査より）

各国の病院死率の変化

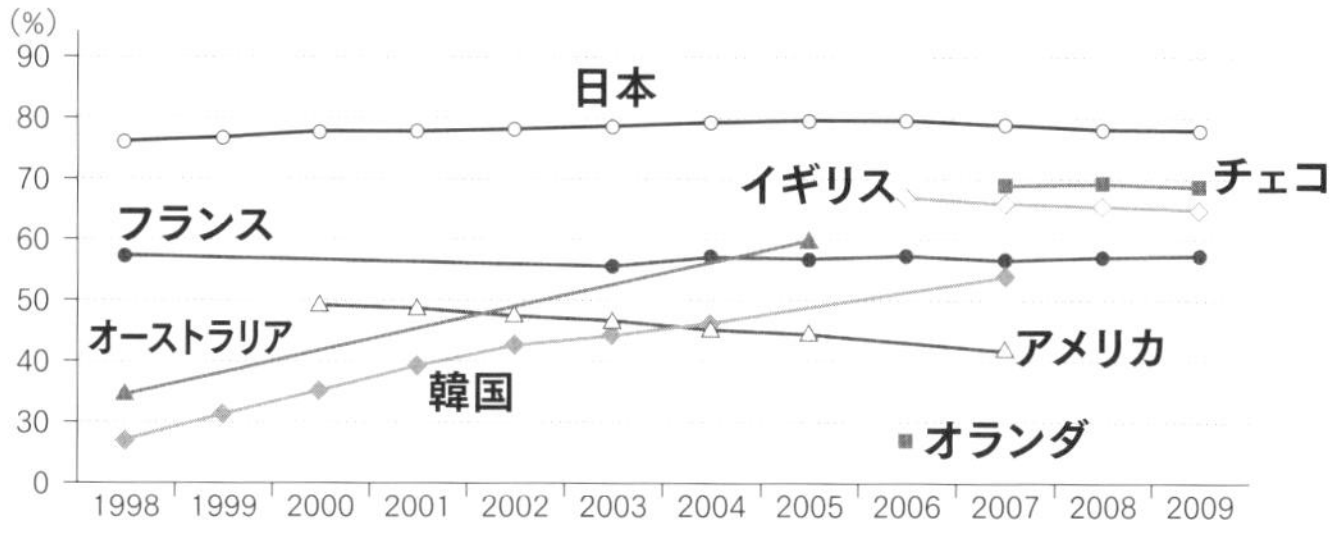

出典：ILC Japan企画運営委員会「理想の看取りと死に関する国際比較研究」より

日本人はどこで死んでいるのか。日本人が自宅で死亡する割合は、1950年代前半で8割を超えていた。一方、病院で死亡する人の割合は1割程度。その後、病院死の割合が年々増加し、76年には在宅死の割合を上回る（それでも、在宅死の割合は4割程度）。その後、その割合はどんどん増え、2000年代には8割を超えている。理由としては、国民皆保険制度の確立、病床数の増加で病院が身近な存在になったこと、医療レベルの向上などが挙げられる。ちなみに、先進国の中で、病院死が８割程度で推移しているのは日本だけ。フランスは5割台、アメリカは4割程度、オランダは3割以下となっている。

□□

体調が悪くなったら救急車を呼ぶのが当たり前な現代人

２０１８年の救急車の救急出動件数は約６６０万件。なんと4.8秒に１回の割合で救急車が出動したことになります。

それに比べて２００８年は約５００万件です。この10年で１６０万件も増加したことになります。もっと昔の資料を見てみると、１９８０年で約２００万件、１９９０年で約２７０万件です。

なぜ近年、救急車を呼ぶ人が、ここまで増えたのでしょうか。

私は病院の救急外来看護師として働いた経験がありますが、救急車で運ばれてくる患者さんをみると、なぜ救急車を呼んだのだろうかと疑問に思うことも少なくありません。

ちょっとした腹痛で、タクシー代わりに救急車を呼んで、結局、便秘だったという人もいました。

救急車が普及していない時代は、軽い症状なら、おばあちゃんの知恵袋を利用して対応したり、自分たちで何とかしようとしていました。重い症状なら、公共交通機関などを利用して、病院を受診していました。

それが今では、家族が運転する自家用車やタクシーといった移動手段が複数あるにもかかわらず、軽症であっても救急車に頼ろうとする人が多いように思えます。

東京消防庁のデータによると、搬送された人の年齢は、65歳以上が50パーセントを超えています。そのうち約4割が軽症に該当しているのです。

若い世代も、救急車を気軽に呼びます。お子さんが指先を切っただけでも、慌てて119番する親がいるのです。

裏を返せば、それだけ多くの人が、病院に頼り切っているということなのです。病気やケガをしたら、自分でケアするよりも、病院で診てもらった方が確実だ――そう思っている、ということでしょう。

もちろん、救急車を呼ぶことは、決して悪いことではありません。それで助かる人も多くいるからです。

前述のお子さんも、指先のケガの状態が悪ければ、「救急車を呼んでよかった」ということになるからです。

こうした気軽に病院を利用することができて、安易に救急車を呼べるようになったことで、結果として、現在の病院で最期を迎える人の多さにつながっていると思えてならないのです。

その一方で、病院ではなく自宅で最期を迎えようと決意した患者さんと家族であっても、実際患者さんの臨終に遭遇した場合、気が動転し、家族が救急車を呼んでしまうということもあるのです。

つまり、救急医療の現場において、使命をまっとうしようとする救急隊と、延命措置を望まない家族との間で問題が起きているのも事実なのです。

希望に反して、最期を病院で迎える患者さんは多い

「平成29年高齢社会白書」(内閣府)によると、「治る見込みがない病気になった場合、最期はどこで迎えたいか?」という問いに対して、「自宅」と答える割合が54・6パーセントで最も多く、次いで「病院などの医療施設」が27・7パーセントとなっています。

病院死が8割を超えている中、この調査結果に対して、意外な印象を抱く人も多いのではないでしょうか。

なぜ、自宅で最期を過ごすことを望んでいるのにもかかわらず、実際には病院で亡くなる方が

多いのでしょうか。

その理由の1つに家族の存在が大きいといえます。

過去にはこんなことがありました。私が勤めた病院に、余命数か月のある末期がん患者さんが体調を崩し入院していたのですが、その後、何とか体調を持ち直すことができました。それを見て担当医師は、今なら自宅に帰れるだろうと判断し、ご家族に提案したのです。すると、家族からは「そうします。家に帰ります」という返事でした。

私は、ご本人が「家に帰りたい」と呟いていたのを聞いていました。それだけに最期は家で過ごすことができ、良かったなと思っていたのですが、数日後、思わぬ出来事が起こったのです。

一度、自宅で患者さんをみていくことを決めた家族から「やっぱり家では看病できない」という連絡が入ったのです。

結局、その後患者さんは、病院でひっそりと亡くなりました。

私は、決してご家族のことを責めているわけではありません。このご家族が、本人の意向に反して、病院に戻したのには、さまざまな事情があるからです。

自宅で最期を迎える方が少ない理由として、1つ目にあげられるのは、家族の形態です。

昔は、二世帯、三世帯同居は当たり前で、家に病人がいても、家族が協力しあって、看病することができました。

しかし今は、核家族が主流で、成人後の親子関係も希薄になっています。

「平成29年高齢社会白書」(内閣府)によると、65歳以上の高齢者について子どもとの同居率をみると、昭和55年(1980年)には7割でしたが、平成27年(2015年)には4割弱になっていました。

2つ目の理由は、自宅でどのようなことをすればいいのか、家族が分からないという点です。末期がん患者さんに対して、食事、着替え、移動、排せつなどをどのように手助けしたらいいのか、想像できないのです。

さらに介護、看病を行いながら、生活費を稼ぐために仕事に行かなければならない、子どもの世話もしなければならないなどの事情があれば、在宅療養を続ける覚悟が揺らいでしまうのも致し方ないのです。

3つ目には、人の死に遭遇する場面が少ないために「人が亡くなる」ことに対する免疫がなく、不安や心配が強いのではないかと思います。

昔は大家族で生活していたため、自宅で一緒に暮らしていた祖父母の最期に直面したものです。人が亡くなることは、生活の一部として起こっていたのです。

最期はどこで死にたいか？

自宅死を望む人が増えている

介護を受けたい場所

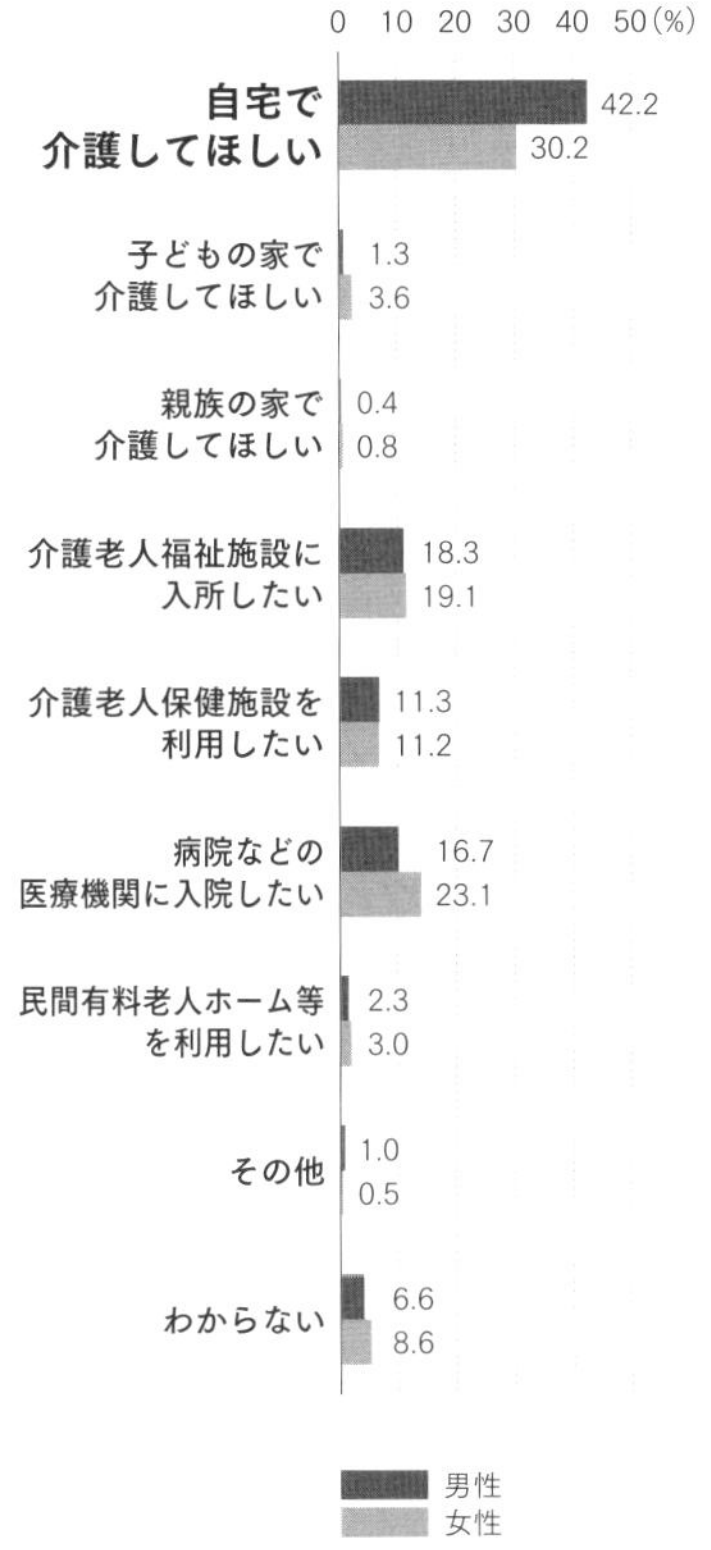

注：調査対象は、全国55歳以上の男女。数値は60歳以上の男女のうち「将来、介護が必要な状態になるのではないかと不安になることがある」者の計

最期を迎えたい場所

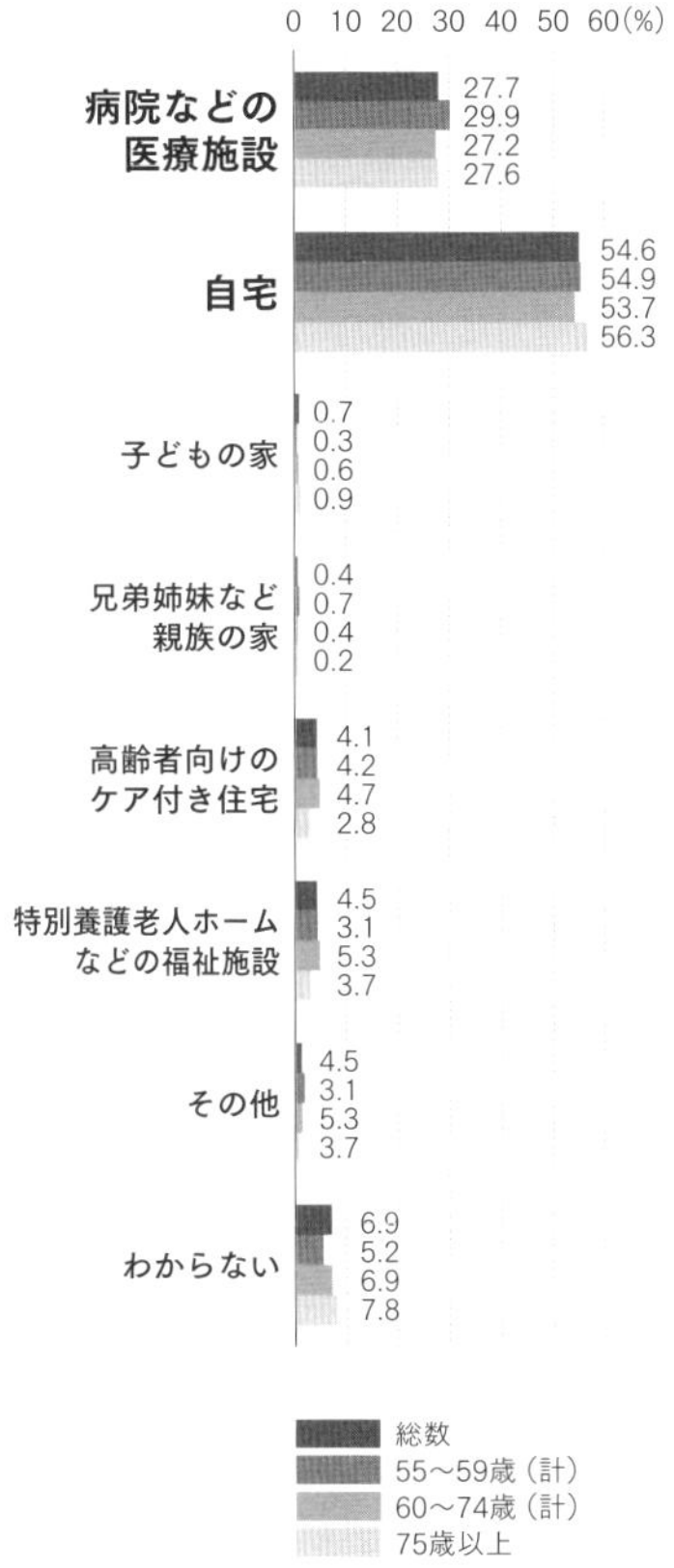

注：調査対象は、全国55歳以上の男女

「平成29年高齢者社会白書」（内閣府）によると、最期を迎えたい場所として自宅を希望する人は54.6%である。次いで「病院などの医療施設」が 27.7%、「特別養護老人ホームなどの福祉施設」は 4.5%、「高齢者向けのケア付き住宅」は 4.1%などとなっている。

しかし、現代は核家族化が進み、最期を病院で迎える方がほとんどです。家族を家で看取る機会は減り、「死」は生活の一部から切り離されたのです。

その結果、家族は「自分には家で看取ることはできない」と結論付け、「最期＝病院」を選択します。特に核家族や老老介護の家庭では、「自分にはできない」と考える比率は高くなります。

患者さんが「住み慣れた家、普段の生活の中で最期を迎える」という願いを諦めてしまい、病院で最期を迎える人が多い理由としては、このような背景があります。

つまり、家族が自宅で患者さんと一緒に生活することを承諾しないのに、患者さんが自分の意志を貫くことは、「わがまま」だと思ってしまうのです。

私は「家族に迷惑をかけるから……申し訳ない」と、自宅に帰ることを言い出せない患者さんを多数見てきました。

それはとても辛い〝諦め〟なのだと思います。

病院は長期間いる場所としては適していない

ここまで、なぜ病院で最期を迎える人が多いのか、その要因を探ってきましたが、もし病院死が、私たちにとって〝幸福な最期〟だと感じられるのであれば、その選択は間違っていないと言えるでしょう。

しかし、私が看護師として、多くの患者さんを看取ってきて思うのは「望んでいない場所なら病院で人生最期を迎えるべきではない」と考えます。その理由について、これから述べていきます。

まずお伝えしたいのは、病院はあくまでも「治療する場」であるということです。決して「長期間を過ごす場」としては、設計されていません。そのため、個人のプライベートについて、細かい配慮がなされていません。

その象徴ともいえるのが、入院中に過ごす部屋です。

多くの場合、4人部屋や6人部屋などの大部屋で生活することになります。なぜかといえば、病院は病気が治ったら家に帰る〝仮の場所〟だからです。

それだけに、ホテルのような居心地の良さは追求されていません。隣の患者さんとはカーテンで仕切られるだけで、音は筒抜けです。いびき、歯ぎしり、痛みなどによる悲痛な声などが聞こえてきます。同室の人と気が合わなければ、相当な苦痛になります。隣の患者さんが深夜までテレビをつけていても、自分から文句を言えば、部屋の雰囲気は悪くなります。

この状態のまま、例えば3か月間、過ごすことを考えてみてください。「快適に過ごせそう」と思う人はいないはずです。実際、患者さんの中にはストレスが蓄積されてしまい、性格が豹変してしまうこともあります。また、うつになる方もいます。

最近では、4人部屋でも病院によっては差額ベッドの適用を受けます。個室部屋を望むのであれば、ホテル並みの費用がかかってきます。

ストレスの原因になるのは、部屋のことだけではありません。時間の束縛もあります。ここで入院患者さんの1日の予定を紹介します。

起床は6時で、朝の検温と採血があります。その後、朝食をとり、12時の昼食までの間で、点滴や医療処置などを行います。午後も検査などを行い、18時から夕食となります。就寝時間は21時です。

私たちは普段、自分のペースで生活しています。「今日は8時まで寝よう」と、寝坊もできます。近所を散歩することもできます。

もちろん家族と同居していれば、多少の妥協は必要ですが、それでも苦痛を感じることは、ほとんどないでしょう。

しかし、入院中は病院の予定に従わなくてはなりません。

入院期間が2週間程度であれば「これを乗り切れば、また楽しい生活に戻れる」という気持ちを持てるため、入院生活に耐えることができます。

しかし、退院日や入院期間の見通しがたたない入院生活では、病院での1日は苦痛以外のなにものでもありません。

病院で最期を迎えるということは、最期までストレスを抱えたままの状態が続くということなのです。

医師の説明や提案を守るのが最良の結果になるとは限らない

日本の医療法では「医師、歯科医師、薬剤師、看護師その他医療の担い手は、医療を提供するに当たり、適切な説明を行い、医療を受ける者の理解を得るよう努めなければならない」（第1条の4）と定めています。

皆さんが病院で治療を受ける際、今、体はどのような状態なのかということや、検査や治療の内容、処方薬などについての説明があるのは、この法律があるからです。

この説明を受けて、患者さんが納得した上で同意して治療を受けることを、インフォームド・コンセントと言います。

このような医師からの説明時、患者さんの多くは、黙って話を聞いています。質問をすることはかなり少ないです。そして、話を聞き終わるや否や「分かりました。お任せします」と言って、医師の提案を受け入れます。

家族も同様です。私は看護師として、こうした説明の場に同席することも多いのですが、いつも思うのは「患者さんやご家族は本当に納得した上で『お任せします』と言っているのかな？」ということです。

皆さんに強く言いたいのは、医師の説明は、あくまで提案であって、「病気が根治する」という保証ではないということです。

例えば、外科の医師であれば、患者さんに「根治を目指すのであれば、手術しかありません」といった説明をします。

しかし、これは「病気の根治を目指す」という意味であって、決して「手術すれば、必ず根治します」と断言しているわけではないのです。

もう1つ、理解しておいてほしいのは、医師には得意分野があり、治療の内容を決める時、その得意分野を推す傾向があるという点です。

ある患者さんの例を紹介します。

その方は舌がんで、肝臓がかなり弱っており、たばことお酒をやめなければ、手術に耐えられない可能性がありました。

患者さんは、治すことを希望していたため、医師から、「根治を目指すのであれば、手術という選択になります。手術を希望する場合、禁酒と禁煙はしてください」という説明を受けました。

現在、がん治療にはさまざまな治療法がありますが、今も昔も基本的に根治を目指す場合、がんそのものを直接的に取り除く手術が第一選択です。

治すということに主眼を置いていたため、その患者さんは医師の説明後「お任せします」と了承しました。しかし手術の前日まで、お酒やたばこはやめられず、禁酒・禁煙を守れませんでした。そして当日、実際に手術は行われましたが、術後、暫くして合併症を引き起こし、患者さんはそのまま病院で他界しました。

もし、その患者さんが、自分自身、お酒もたばこも続けている事実を受け止め、手術を選択することによるリスクについて熟考していれば、もしかしたら「手術をしません」という選択になったかもしれません。

医師が治療方法を提案する時は、病院の利益を考えていることもゼロとは言い切れません。医師も病院という組織に属する人間です。

診療科によって、目指す売上げがあります。病院経営を継続する上でこれも大切な考えです。病院は慈善事業ではないため、お金がなければ、医療物資も購入できません。医療スタッフへの給料も払えず、資源や人材を失い、病院の機能は果たせず、たちまち破綻してしまいます。

病院の利益の中で、「手術」は特に大きな割合を占めます。もちろん、病院経営のためだけに、患者さんに無理やり手術を勧めたりする医師はいません。

しかし、より多くの命を助けるため、病院という場所を存続させるため、医師にも務めがあることを頭の片隅に置いてほしいのです。

また、手術をすることで理解していただきたいことは、体の状態が手術前と手術後で変化する、ということです。

治療の説明時、医師からそのことは説明されています。患者さんだけでなく家族も聞いているのですが、本当の意味で理解している患者さんや家族の方はそれほど多くはないように感じます。

ある喉頭がんの患者さんは、声帯を取る手術をしたのですが、術後に「俺、声が出なくなったんだ……」と紙に書いて、愕然としていました。

声帯を取り、結果として声が出なくなることは、説明時に伝えているのですが、医師の「根治を目指すのであれば、手術という選択になります」という言葉だけが耳に残り、その後の体の変化については耳に入らなかったのでしょう。

「そんなことあるの?」と思うかもしれませんが、これが現実に起こっていることなのです。

インフォームド・コンセントの際は、慎重に判断してください。

「家族と話し合うので、少し日にちをください」といってもいいのです。安易に「お任せします」と即答しないでください。

間違った判断をして後悔をしては、あまりにも寂しい結果だと言わざるを得ません。

治療をしてもすべての病気が治る訳ではない

前項で触れたように、医師からの治療方法の提案は「根治を目指す」ことであって「根治を約束する」ものではありません。

かかりつけの病院の規模が小さく、設備も整っていないために治療が受けられない場合、大病院（大学病院などの特定機能病院と、病床数２００床以上の地域医療支援病院）で治療を受けられることがあります。その場合、かかりつけ医の紹介状（診療情報提供書）が必要になります。患者さんにしてみれば、「かかりつけ医が紹介状を書いてくれた病院であれば、治してもらえる」と思いがちになります。

しかし、そうとは限らないのです。いくら日本の医学が進歩したとはいえ、治せない病気は多数存在するのです。

さらに高齢になれば、臓器も弱っており、合併症などのリスクも増えます。20歳の人であれば治った病気も、70代では治らないこともあるのです。

がんになると、医師からステージを伝えられますが、その際、多くの人が気にするのが5年生存率（治療してから5年後に生きている人の割合）です。例えば、大腸がんのステージⅠの5年生存率は約90パーセントです。

この5年生存率をみると、希望が湧いてきますが、あくまでも、生存率というのは生存している割合です。再び病気にはならない、という証明ではないため、この約90パーセントの中には、「手術はしたけど、今度は別の場所が、がんになった。けれど、何とか5年間、踏ん張っている」というケースも含まれます。また全年齢を対象にしているため、30代や40代といった世代も含んだ数値になります。そのため年齢別にみた時に、30代と70代では5年生存率の割合は変わってきます。

「お医者さんは神様みたい」だと思う人もいますが、そんなことはありません。もちろん医師は、治療に全力投球しますが、全知全能ではないのです。そのことは、理解しておいてほしいのです。

死のギリギリまで効果が期待できない抗がん剤を投与

抗がん剤治療とは、抗がん剤という薬物でがん細胞に働きかけて治療していく方法のことです。抗がん剤で、がんを体から消滅させたり、小さくしていきます。

私たちの体は、細胞という小さな単位でできており、この細胞が集まって、肝臓や腎臓といった臓器を作っています。

抗がん剤の欠点は、がんだけではなく、正常な細胞にも攻撃をするという点です。このため、吐き気や嘔吐などを起こすといった副作用が出るのです。

抗がん剤治療は、がんの種類によって投与期間は異なりますが、中には点滴によって4週間に1回、5日間連続といった方法で行います。1か月を1クールとし、3クールぐらいの目安で行っていきます。

例えば、2~3クール終えた時点であまり効果がないことが分かると、医師はどうすると思いますか？　違う抗がん剤に変更して、治療を継続する場合があるのです。抗がん剤にもいろいろな種類があるのです。

では、このとき医師は「抗がん剤を替えれば、がんが良くなる、治る」と思っているのでしょうか？　残念ながら、「絶対に良くなる」という100パーセントの確信はないのです。根治を目指すために、最良の方法として、抗がん剤の切り替えを行ったに過ぎないのです。

その結果、患者さんは良くなるどころか、副作用でどんどん体力を落としていき、寝たきりになってしまうことも時にはあります。そして、そのまま病院で亡くなることもあるのです。

副作用がひどくなっても、患者さんの多くは「切り替えた抗がん剤がこれから効いてくれれば、良くなっていくと思います」といった医師の言葉を信じて、途中でやめる選択をしません。結局、死のギリギリまで、抗がん剤を投与され続ける場合もあります。

正直なところ、抗がん剤が効いているのか、副作用の出現が強いのか、実際やってみないと、効果が分からないのは事実です。だからこそ、医師も抗がん剤治療の説明をする時は丁寧に行ったり、状況をみて慎重に判断しながら別の抗がん剤を提案するのです。

さらに、がんを治すためではなく、緩和的な目的で抗がん剤を投与することもあります。治療目的のための抗がん剤投与は、がん細胞を小さくしたり、消滅したりするのが目的です。

一方で緩和目的の抗がん剤投与は、がん細胞を現段階以上に大きくしないために投与するのです。がん細胞は大きくなることで他の体の部分や臓器への弊害をきたしたり、発生する場所により、出血させたりして非常に厄介なのです。

そのため、医師からすると何も治療をしないことはがん細胞を成長させることになり、患者さんのことを放置しているという思いにかられるのです。

だからこそ、「何もやらないよりは、やったほうが患者さんのことを思っています」と考えるのです。患者さんの心情を察して、かわいそうだから、と緩和目的で抗がん剤を行うケースもあります。

抗がん剤治療については、最期の最期、亡くなる間際になって、家族が「もう苦しそうだからやめてください」といって、治療が打ち切りになることもあります。

しかし、それではあまりに遅すぎると、私は思うのです。気が進まないのなら抗がん剤治療を選択しない意思表示をする。あるいは治療途中でも、あまりにも辛ければ途中でやめる選択をする。副作用が辛いのにそのままでいたら、もしかしたら亡くなる寸前まで、副作用で苦しむことになるかもしれないのです。

毎朝、看護師との関わりはわずか3分

がんなどの大きな病気を患うと、その人の心の状態は、不安と落ち込みでいっぱいになります。突然、胸が苦しくなったり、息苦しくなるといった体の変調も、不安の症状として起こることがあります。特に末期がんの方などは、不安で日々、心が押しつぶされそうな状態といえるでしょう。そうした患者さんを間近で見ていて、いつも思うのは、看護師としてもっと寄り添ってあげないといけないということです。患者さんは、自分の抱えている不安や苦しい胸の内を誰かに打ち明けたいと思っています。

家族はもちろんですが、病院では身近な存在であるはずの看護師にも話を聞いてもらいたいと思っています。

しかし、現実問題として、それが難しいのです。

その原因は時間がないからです。例えば、病院での起床時間が6時だとすると、看護師は、7時の朝食までのわずか1時間で、患者さんへの見回りをしつつ、検温や処置を行っていきます。

夜勤で受け持つ患者さんの人数は、20人ほどになります。

つまり、60分で20人の患者さんの見回りに行こうと思うと、1人に接することのできる時間は、3分程度になります。

この3分で採血、検温をはじめ、患者さんの体調チェック、点滴をつなぐ、1人で用を足せない方の排せつ介助、痰が多い人の吸引（痰をとる医療行為）などをしないといけないため、この時間にじっくりと話を聞いてあげる時間を作ることはかなり難しいのです。

昼や夕方も、看護師の仕事はびっしり続きます。

経験豊富な看護師の中には、勤務後に時間を作って、相当なストレスを抱えている患者さんと話をする時間を作っている方もいますが、それでも患者さん全員のメンタルケアをすることは不可能です。私も、患者さんの買い物に付き添いながら、悩みを聞いたりすることはしますが、いつもできる訳ではありませんし、全員にできている訳ではありません。

さらに昨今の病院は、働き方改革で、勤務後は早く帰ることを奨励しており、逆に長居しづらい状況になっています。

おそらく患者さんの中には、病院では常に、看護師が寄り添ってくれると思っている人は多いかもしれません。しかし現実は違って、患者さんは孤独な毎日を病院で送っている時間は長いのです。

医師で立川在宅ケアクリニックの理事長である井尾和雄先生は、お父様が肝臓がんで、病院で亡くなられた時のことを、著書でこのように述べています。

「そこで目にしたのは、耐えられない痛みを訴えた時のみ与えられる鎮痛薬、意味のない検査の繰り返し、食欲を無視した朝昼夕の規定通りの配膳。私たち家族は弁当を遠慮しながら食べ、風呂にも入れず、寝るのは貧弱なソファでした。

看護師が顔を出すのは検温と清掃の時、医師は午後に一度だけちらりと病室に立ち寄り、患者の精神的なフォローは微塵もありませんでした」（『看る診る看取る　在宅死のすすめ』／けやき出版）

このように、病院での闘病生活は、孤独感を最期まで抱えているのです。

寝たきりの患者さんは、後回しにされるケースも多い

看護師の人手不足は、今どの病院でも大きな課題になっています。日本看護師協会の調べによると、２０１８年度の正規看護職員の離職率は10・7パーセントとなっています。

ほかの業種と比べ、格段に高いわけではありませんが、それでも離職問題は昨今抱えている課題の1つです。専門職のため、募集をかけてもすぐに集まるというわけでもなく、そのしわ寄せは、当然、現場で働く看護師に負担がかかります。

日中1人の看護師が7人の患者さんを担当する予定のところ、もしも何らかの理由で1人の看護師が抜けることになったら、受け持つ患者さんはさらに2〜5人増えることになります。

その結果、ますます患者さんと接する時間が削られていきます。入院している患者さんが高齢であれば、看護師の仕事量はさらに増えます。

例えば、脳梗塞で麻痺のある患者さんの場合、トイレに行くのも付き添いが必要になりますし、食事を食べさせたりなどの介助が必要になるからです。場合によっては、起き上がる時の介助も必要になります。

正直な話、入院してくる患者さんが若い人だと、看護師同士で「よかったね」と喜ぶこともあります。看護師の負担は相当軽減されるからです。

受け持つ患者さんが増え、さらに高齢者の患者さんの割合が多いと、看護師は「介助の必要な人」を優先せざるを得なくなります。ナースコールで「トイレの介助」を求められたら、駆け付けないといけないからです。

優先する人がいれば、当然、後回しになる人が出てきます。それが寝たきりなど、あとは看取りを待つだけの患者さんなのです。

終末期の患者さんの体には心拍数、呼吸数、酸素飽和度の数値が分かるベッドサイドモニターと呼ばれる医療機器を装着して、ナースステーションで常時チェックすることができます。そのため、最低限の見回りや必要なケアは行いますが、異常がなければ、病室に行かなくても問題はないという訳です。

本来であれば、寝たきりであるからこそ、いろいろと話しかけたり、もっと細やかな配慮をしたほうがいいのは間違いありません。しかし現実問題、それが難しいのです。

こうして寝たきりの患者さんは、後回しになってしまう――そんな現実がどの病院でも起こっているのです。

あえてこの現実をお伝えしたのは、病院での看取りであれば、孤独死は避けられる、つまり「死に目にあえる」と思っている方が多いからです。

特に日本人は子が親を思い、親の最期を看取る（親の死に目にあう）ことを重要と考え、これが叶わなかった場合、子ども、兄弟など親族の方が「負い目」を感じることが、ままあります。

先述したように、病院の看護師は多忙を極めています。看護師が患者さんの危険な容態変化を察知し、取り急ぎ家族の方へ連絡を入れます。

その後、家族が到着するまでの間、患者さんの傍に寄り添いたいのですが、他の患者さんの見回りもあるため、一人の患者さんのところにはずっと滞在できないのです。

また、コロナ禍ということで、家族が最期のお別れに手を握りながら看取る、ということができない場合もあるのです。

つまり、病院内での孤独死、とでもいうべき状況が起きていることは、知っておいてほしいのです。

自発呼吸ができるようになる以外、人工呼吸器は途中で外せない

何らかの病気によって、空気中の酸素を取り込めず、体に酸素が足りない状態になっている場合や、呼吸が不十分で息を吐くときに出される二酸化炭素が排出できない場合、何もしないと人は死んでしまいます。

こうした時に装着するのが、人工呼吸器です。人工呼吸器は自発的に呼吸ができない時、替わりに肺に酸素を送る医療機器です。

人工呼吸器と聞くと、顔にマスクをつけるものをイメージするかもしれませんが、あれは酸素マスクです。人工呼吸器は、鼻の穴もしくは口から気管支までチューブを入れて、そのチューブを人工呼吸器につないで、肺に空気や酸素を送り込む医療機器です。場合により、喉の部分を切って気管内に直接チューブを挿入することもあります。

この人工呼吸器を装着する際は、道端で倒れて救急車で運ばれた人のように特殊な例を除いて、本人や家族の承諾が必要になります。

なぜかといえば、一度付けたら、再び自発呼吸ができるようになる以外、外すことができないからです。

もしも、肺の状態が向上していない段階で外したら、呼吸ができずに、そのまますぐに亡くなってしまいます。そのため例えば、家族から「辛そうだから、楽にさせてあげたい。だから、人工呼吸器の器械をもう外してほしい」と懇願されても、医師はその願いを聞き入れる訳にはいきません。

過去に、家族の願いで良かれと思い医師が外した結果、殺人罪の罪に当たり医師が逮捕された事例があるのです。

過去の事例もあり、生命にかかわる問題でもあるため、医師は承諾を得る時、細やかな説明をします。途中で外すことは難しいことはもちろん、会話や口からの食事ができなくなることも伝えます。

医師の説明を受けた後、人工呼吸器の装着をするか否かについて本人・家族の回答は「つけてください」と返答する方が多いです。私は、人工呼吸器を付けることのリスクを承知した上であれば、その選択は正しいと思います。

問題は「人工呼吸器をつけないと亡くなってしまう、また医師の提案だからつけよう」と、深く考えずに承諾してしまうケースです。その結果、後になって「一生取れないとは思わなかった」と、大きな後悔をすることになるのです。

入院中の患者にとってもっとも身近な存在は医療スタッフではなくテレビ

全国60歳以上の男女を対象にした「平成30年高齢者の住宅と生活環境に関する調査結果」（内閣府）によると、外出（散歩を含む）の頻度について「ほとんど毎日」と答えた割合は61・4パーセントにのぼっています。「週に4～5日」は16・3パーセントです。

別の、「平成28年社会生活基本調査、生活行動に関する結果」によると、75歳以上で趣味・娯楽のある人は7割となっています。

こうしたデータからは、高齢者の多くが、充実した日々を送っていることが分かります。

ところが、病院に入院すると、売店などの移動くらいしか体を動かす機会はほとんどありません。自宅で療養して、体が動く状態であれば近所への散歩や買い物はできます。軽い体操もできるでしょう。

人によっては、堤防で釣りを楽しむことだってできます。近場であれば、旅行も不可能ではありません。

しかし、病院では、こうしたことはできません。

仮に近所に公園があるから、気晴らしのために散歩に行こうと思ったとします。その距離が、病院を出て5分ほどの場所にあったとしても、一歩でも病院の敷地を越えるには、医師からの外出許可が必要になります。

もし許可なく無断で勝手に外出したら、入院患者さんがいなくなったということで、警察に捜索依頼をすることもあります。事件に巻き込まれた可能性も否定できないからです。そうなれば、かなり大ごとになります

それでは入院中には、どんな娯楽があるのでしょうか。それはテレビになります。

老人ホームなどに入所すれば、お遊戯会といった楽しみもありますが、病院は「治療する場」ですから、娯楽の要素は、ほぼゼロに近いといっても過言ではありません。

最近では、タブレットなどを持ち込み、脳トレなどをする患者さんも増えてきていますが、それでもベッドの上でしか楽しむことができません。

つまり、ベッドの上での生活を強いられるわけです。日常的に散歩などをしてきた人にとって、この状態は大きなストレスになります。実際、うつになってしまう患者さんもいるのです。

さらに、こうした生活を続けていると、足腰がどんどん弱まっていきます。その結果、入院したことで寝たきりになるなど、症状が悪化することも起こるのです。

床ずれ（寝たきりで局所が持続的に圧迫されると、その部分の血流が途絶え、皮膚や筋層が壊死し潰瘍化した状態）が出現しやすい部位としては、仙骨（お尻）、肩甲骨（肩の下）、踵骨（かかと）などで、悪化すると激しい痛みを味わうこともあります。

何度も繰り返しますが、病院は治療する場であって、最低限の生活は送れますが、余暇を楽しむために造られてはいないのです。

その病院に長くいることが、どれだけ人間らしい生活とかけ離れているのか、私たちは真剣に考えるべきなのです。

最期、病院で過ごす1か月はどのくらい費用がかかるのか

日本には、高額療養費制度があります。例えば、70歳以上の高齢者で医療費1割負担の方の場合は、入院時5万7600円、外来で1万8000円（同一月内）を超えて医療費を支払う必要のない制度です。

この制度の存在によって、多くの人は「日本の医療費は安い」と感じているようです。しかしながら、この制度は「食費」「差額ベッド代」「オムツ代、入院着レンタル代などの備品代」は適用外になります。これが結構な費用になります。

まず、食費は1食460円です。1日3食で1380円です。タオルといったアメニティ代は、病院によってバラツキがありますが、1セットで650円程度になります。

そして差額ベッド代です。皆さんは「差額ベッド代＝個室」と想像するかもしれませんが、実は2人部屋、3人部屋、4人部屋でも、実費がかかることがあるのです。無料の部屋が空いてないと、差額ベッド代のかかる部屋に入院することもあります。

無料部屋の入院を皆さん希望しますが、この部屋の基本的な適応は、生活保護受給者や独居で年金暮らしで身寄りがいないなど金銭的に余裕がない方、経済的困窮の方に限られます。

東京女子医大のサイトには、東病棟の1日の差額ベッド代は「個室一等A：2万7000円」「2人部屋：1万2960円」「3人部屋：8640円」「4人部屋：4320円」と案内されています。仮に4人部屋に入院する場合は、1日4320円×30日として、1か月で12万9600円になります。

ここでモデルケースとして、ある病院の1か月にかかる費用を50ページにまとめてみました。食事、アメニティ代、リハビリパンツ代、差額ベッド代などをあわせると、月20万2500円の出費となります。

つまり、高額療養費制度の適用を受けても1か月で、30万円近い支払いが強いられる可能性があるのです。

もちろん病院で治すための治療を受けているのですから、自己負担以外に多額の公費が支払われていることも忘れてはいけません（143ページに掲載する、自宅で最期を過ごす費用と比べてみてください）。

入院中

1か月にかかる費用

70代（男性）、舌がん、要介護1、医療費負担1割（同居家族あり）のケース

食事	1380円 ×30日 ＝	4万1400円
パジャマ・タオル・アメニティグッズ（ティッシュ・歯ブラシ・シャンプー）	650円 ×30日 ＝	1万9500円
リハビリパンツ	400円 ×30日 ＝	1万2000円
お部屋差額代（4人部屋）	4320円 ×30日 ＝	12万9600円
小計		**20万2500円**

上表の内容は治療費ではないため、保険適用されません。入院中の生活に必要な食事やリハビリパンツなど消耗品も治療費とは別に費用がかかります。

＋

抗がん剤・点滴・採血・検査などを含む医療費（高額療養費適応）	**5万7600円**

↓

自己負担額　合計 26万100円

- 病院で最期を過ごす場合、死期が目前に迫った患者さんは、個室に移されることがあります。
- 差額ベッド代は部屋の種類や病院によっても金額に差があります。
- 高齢者の医療費は所得に応じて高額療養費の減免制度が適応になります。

抗がん剤をやり続けたことで家に帰れなくなった60代女性

この章の最後に、抗がん剤治療を病院で続けたことで、壮絶な死を迎えることになった60代の女性の話をしたいと思います。

彼女は甲状腺がんを患っていました。診察のため病院にきた時、手術をするには、がんは大きすぎる状態でした。

幸いなことに、転移は認められなかったため、まずは抗がん剤治療で、がん細胞を小さくして、それから手術をする方針を立てました。そして思惑通りにがんは小さくなり、手術で取り除くことに成功しました。

しかしそれから半年後、がんは再発しました。かなり大きいがんであったため、再び抗がん剤治療が行われることになりました。前回と違って、がんは小さくなりません。

そこで医師は「この薬では効かないので、抗がん剤の種類を替えてみましょう」と、その患者さんに提案しました。すると「やります。お願いします」という返事でした。

しかし、しばらく続けるも、効果はみられませんでした。そのうち、その患者さんは歩くのが苦痛になり、車椅子で移動するようになりました。抗がん剤の副作用であるだるさや疲れやすさが出てきたのです。

そのうち車椅子での移動も難しくなり、ベッドの上で生活するようになりました。そして、食欲もどんどん落ちていきました。

その頃になると、がんは小さくなるどころか、大きくなっていました。このままでは呼吸ができなくなると判断した医師は、声が出なくなるものの、患者さんに気管切開(喉を切って、そこから気管に直接呼吸を助ける管を入れて息ができるようにする処置)を提案しました。食べる行為も難しいため、鼻に管を入れ、そこから栄養剤を流すことにしました。

そしてさらに状態が悪化していき、もはや自分では動くことのできない状態になりましたが、意識は鮮明ではっきりしていました。ノートに字を書いて、自分の意思を必死に伝えていました。

そんな状態でしたが、担当医師は、再び抗がん剤の切り替えを提案しました。この章で何度も触れましたが、急性期の病院に勤める医師はあくまで「治すこと」を第一としているからです。

ここでも患者さんは、治療続行を決意しました。

しかし、まったく効果はあらわれませんでした。その頃には床ずれがお尻のあたりにでき、毎日きれいに洗い、薬を塗って処置をしていました。また、入院した頃と風貌もまったく変わってしまいました。

抗がん剤の副作用で、むくみも出てきてしまったのです。もともと線の細い方でしたが、着る服はSサイズからLLサイズに変わっていました。結局、最期は寝たきり状態になり、その患者さんは亡くなりました。

一度の退院を含めて1年に及ぶ闘病生活でした。その患者さんは、果たして「自分らしい死に方」ができたのでしょうか。

第2章

自宅こそ幸せな最期を過ごす場所
その日を迎える前に知っておきたいこと

Quality of Death（死の質）を考える

医療業界にはＱＯＬ（クオリティ・オブ・ライフ）という理念があります。日本語では「生活の質」などと訳され、「その人にとっての自分らしい生活」といった意味になります。

もともと慢性疾患や機能障害を抱える人の生活の質を評価する指標でしたが、今では一般的に使用される用語になりました。

治療をする上では、この「クオリティ・オブ・ライフ」を常に念頭に置き、生活の質が落ちないように配慮しつつ、快復に向けて取り組んでいくことになります。しかし実際問題として、「生活の質を追い求めた治療」は「生きることを最重視する治療」になってしまい、限界が出てきていると、私は強く思います。高齢化が進む中で、どうしても〝死〟が避けられなくなっているからです。

亡くなる患者さんを見ていると、苦しさや辛さ、痛さなどを感じながら逝くケースが多くあります。私には、その要因が「生活の質」を重視した治療の結果だと思えてならないのです。

治療する側は、治すことだけに目を向けているため、さまざまな治療をしていきます。例えば、喉頭がんの治療では、手術で声帯の機能を取り除くこともあります。私は、こうした手術を行いながらも、結果として重篤化していった患者さんが、苦悶の表情で「苦しいから、もう楽にしてほしい」と訴えているのを見たことがあります。

「クオリティ・オブ・ライフ」を追求した結果、生きることにのみ意識を集中させてしまい、それ以外の合併症や死ぬことに対する意識や関心を寄せていなかったからなのです。

そうしたことで、何の準備もないまま、最期を迎えることになり、皮肉なことに「自分らしい死」を迎えることができなくなっているのです。周知の通り、時間の長さに差はあるものの、人間は生まれたら必ず、死を迎えます。もっと言えば生まれた瞬間から、死に向かって人は生きているのです。

だからこそ、末期がんなどの死が避けられない状態では、死を受容したうえで、痛みのコントロールなどのケアをして、人生最期の時期における生活の質(=死の質)をあげることが重要になるのではないでしょうか。

クオリティ・オブ・ライフと対比される概念として、クオリティ・オブ・デス(死の質)があります。人生の終末期において、自分らしく満足した状態で死を迎えるという考え方です。

前述したように「クオリティ・オブ・ライフ」という概念は、「その人にとっての自分らしい生活」といった意味になります。本来であれば「安らかな死」も「その人にとっての自分らしい生活」の一部であるはずです。

しかしながら、特に急性期の病院は「病気を治療する場」であって、「生きる」ことに焦点を当てています。「穏やかな最期を迎えるためにどうしたらいいか」ということには、重きが置かれていないのです。

その結果、死のギリギリまで治療を続け、患者は苦悶の表情を浮かべながら、亡くなっていく場合もあるのです。

ある高齢の患者さんは、抗がん剤治療と放射線治療を同時に行っていましたが、その治療に耐えられず、肺炎の合併症を起こしました。肺炎になると、痰が頻繁に出ます。

そのため看護師が吸引といって痰を引く機器を使い、痰を取り除くのですが、これがかなり苦痛を伴う処置です。しかも、人によっては30分ごとに行わなければいけません。それが昼夜を問わず、ずっと続くのです。

さらに、その患者さんは、ベッドから落ちたり、勝手に体の管を取らないように、ひもなどの道具を使って、ベッドに縛られていました。

これを身体拘束というのですが、その方は、時々必死で、そのひもを解こうと、もがいていました。その行動の裏には「こんなこと自分は頼んでない。外してほしい」という怒りがあったのだと思います。

誰もが、いつかは死を迎えます。それならば、死ぬ時に「幸せだったな」と、笑いながら目を閉じたいと思いませんか？

それが〝死の質〟を上げるということだと、私は思います。

では、どうしたら「死の質」を上げることができるのでしょうか。それは、病院で死なない――つまり、「住み慣れた自宅で最期を過ごす」選択をする、ということなのです。

尊厳を保って最期を迎える

尊厳死とは、患者さん本人の意思により延命治療をやめ、人間としての尊厳を保ったまま死を迎えることです。痛みの緩和や苦痛を取り除くことに重点を置きます。

末期がん患者さんは自分で意思を伝えることが難しいこともあります。そのような時のために、あらかじめ書面に意思を残す方法もあります。

例えば、「食べられなくなっても胃ろう(胃に穴をあけて管を通し、管から栄養剤を入れて直接胃に栄養を注入するための医療措置)はつけないでください」「積極的な治療は望みません。また延命措置はやめてください」「死期が迫っていると診断されたら、病院での治療は望みません。家での最期を希みます」と宣言するのです。

これを「リビング・ウィル(事前指示書)」といいます。

尊厳死は「死の質」を上げる有効な手段のように思えますが、日本の病院では、尊厳死の実行に消極的です。というのも、尊厳死は合法化されていないからです。

もし患者さんが真摯に「死ぬこと」を求めていたとしても、医師が患者さんの命を絶ったり、あるいはそれを実行する手助けをしたりしても、自殺関与・同意殺人罪に該当する可能性があります。

さらに、急性期病院の医師は「安らかな最期」は念頭に置かず、「治すこと」に全力を注ぎます。こうしたこともあり、病院で尊厳死が行われることは、ほとんどありません。

しかし、厚生労働省や医学会・協会などが出している終末期医療についてのガイドラインには、リビング・ウィルで示された本人の意思を尊重するよう書かれており、これらのガイドラインにしたがって延命治療を中止しても、医療側が罰せられた事例は、あまりありません。

リビング・ウィルを作成するポイントは左記の通りです(62ページに例文を掲載します)。

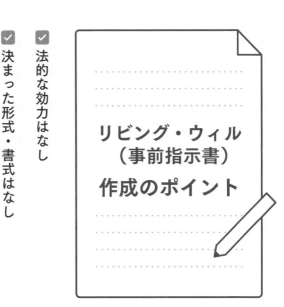

リビング・ウィル（事前指示書）作成のポイント

- ✓ 法的な効力はなし
- ✓ 決まった形式・書式はなし
- ✓ 日本尊厳死協会の「尊厳死の宣言書」は希望があれば採用してもよい
  採用しなければならない規則はない
- ✓ 事前指示書は15歳以上ならいつでも作成可能

- ✓ 2～3年の更新がベスト
  変更時新しく記載する
  古いものはいつでも撤回・破棄が可能
- ✓ 書いた日付を記入
- ✓ 本人の署名・サインが必要
- ✓ 家族の理解・共通認識が必要でありその後家族の署名・サインが必要
- ✓ コピーは家族や周囲のキーパーソンに渡しておく
- ✓ 原本をエンディングノートと一緒に自宅で保管
- ✓ 判断する医師に伝わるように細かく詳しく内容を記載
  「延命治療は希望しません」だけでは相手には伝わらない。何をどこまでしてほしい、あるいはしてほしくないことを明記する

リビング・ウィル（事前指示書）例文

事前指示書

私が意識を失うような状態になったり、呼びかけに応じない、意識が朦朧としている状態になったり、あるいは意識はあっても自分の意思を伝えることができない状態となり、自分で身の回りのことができなくなり、自分で飲むことも食べることもできなくなったときには、以下のようにお願いします。

私が自力で水も飲めず、食べ物も食べられなくなったら、無理に飲ませたり、食べさせたり、末梢点滴や皮下点滴や中心静脈栄養で代替えの栄養補給をしないでください。ましてや、鼻管を入れたり、胃ろうを作ったりは、絶対しないでください。 私が自力で呼吸ができなくなっても、心臓マッサージをしたり、呼吸を助ける管を入れて人工呼吸器につなぐことは、しないでください。昇圧薬も輸血も人工透析もやめてください。いっさいの延命治療はしないでください。ただ、酸素だけは何かあればしても大丈夫です。苦しみや痛みを緩和していただける処置をしてくださるなら、どうかお願いします。

先生、私は積極的な処置・医療は望まないのですが、上記に書かれている内容以外で万が一処置や医療のことで何か選択が迫られた時はすべて妻の○○○○の意見に一任してもらえたらと思います。

なお私は事前指示書を、意識が清明な状態で書いているため内容を十分理解しています。そして私の家族も全員それを理解して周知しています。

私のために尽力してくださっている、医師である先生方、看護師さん、医療関係者の皆様心より感謝しております。命を大切にされている皆様には大変申し訳ないのですが、私は最期苦しいことや痛い思いはしたくないのです。自分らしく最期は住み慣れた自宅で穏やかにまた安らかに旅立ちたいのです。どうか、私の最期の願いだと思って聞きいれてください。お願いします。

年　　月　　日

本人署名（自筆）　　　　　　　　　　　（　　歳）〔印〕

家族署名（自筆）　　　　　　続柄　　　（　　歳）〔印〕

家族署名（自筆）　　　　　　続柄　　　（　　歳）〔印〕

家族署名（自筆）　　　　　　続柄　　　（　　歳）〔印〕

できれば、健康な時から自分自身で書いて家族のサインをもらうと良いでしょう。もし変更点などあれば、その都度更新します。何もなくても、2〜3年おきに更新するとさらに良いです。自分の意思を、周囲に知らせることができます。確かに現段階でリビング・ウィルは、法的拘束力はなく、強制力としてまだまだ、弱いかもしれません。

しかし、自分の考えを整理し、どのようにしてもらいたいか明確に意思を示し、周囲の人にも考えを知らせることができる、という意味では大きな役割を果たします。

また、本人との会話や意思疎通をかわすのが困難になり、救命処置や延命行為の決断を迫られた時、家族の心理的負担も減らせます。そのため私は活用する意味は十分にあると思います。

一方、尊厳死の概念に似たものとして「DNAR」というものもあります。「Do Not Attempt Resuscitation」の略です。

本人や家族がその意思を示せば、心肺停止状態になった時に、気管挿管、心臓マッサージ、人工呼吸器の装着などによる、二次心肺蘇生措置を行わないというものです。

このDNARについても合法化されていませんが、比較的実施している病院は多いといえます。しかし、このDNARの状態というのは、心肺停止状態であって、本人はもう笑ったり、会話したり、家族の顔を見たりすることはできません。

また、穏やかに最期を自宅で迎えさせてあげたいと思いながら、患者さんの意識がなくなり、気が動転した家族が慌てて救急車を呼んでしまうことがあります。救急隊の使命は、心肺蘇生を実施して一刻も早く医療機関に搬送することです。

そうなると、彼らは延命措置を望まない家族とのはざまで対応に困ることになります。

このような差し迫った状況において、自宅で最期を迎えることを望む末期がん患者さんへの心肺蘇生を中止し、病院へ搬送せず、在宅医がいる場合はその人に対応を引き継ぐ制度がＤＮＡＲなのです。

こうしてみていくと、人の命を救う病院では、人間らしく死ぬことが極めて難しいことが分かります。

苦痛である治療から解放されて、人間としての尊厳を保ったまま死を迎えるには、やはり自宅で最期を過ごすことが良い選択といえるのではないでしょうか。

末期がん患者さんに応えるDNAR制度

救急隊が心肺蘇生を中止するまでの流れ

東京消防庁が2019年12月からDNARの運用を始めた。この制度は、安心できる自宅で最期を迎えたいという末期がん患者さんの希望に応えるため、心臓マッサージなどの措置や救急搬送を行わないというもの。

自宅で看取ることを決意しても、患者さんの死に際に家族が慌てたりして、救急車を呼んでしまい、対応に当たった救急隊は「患者さんを助けたいという思いでも、現場で『やめてくれ』といわれることが少なくなく、かなり負担が大きかった」という。自宅に駆けつけた救急隊は心肺蘇生（心臓マッサージ）の開始後、家族らから本人の意思を確認し、かかりつけ医の指示を受けて最終的に対応を決める。運用は自発的に要望が出た場合に限り、救急隊側が主導することはしない。

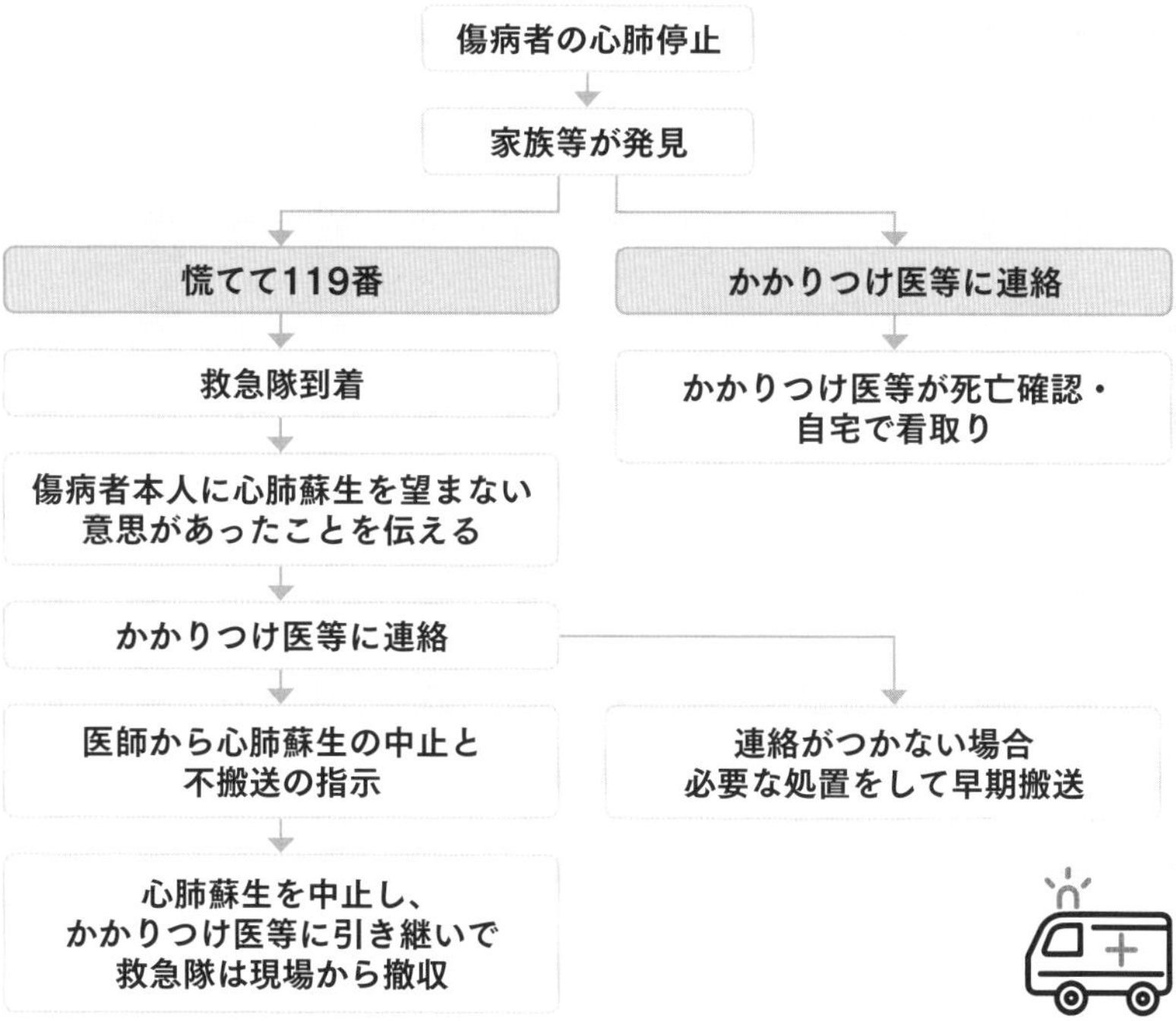

参考：2021年1月 産経新聞、2019年11月 東京消防庁報道発表資料

あなたの意思を大切にすることが第一

末期がんの場合、「自分らしい死」を迎えるためには、住み慣れた自宅で過ごすことを私は提案しますが、間違ってほしくないのは、自分自身が「最後まで病院で病気と闘う」と決めたのであれば、その意思を尊重すべきだということです。大切なのは本人の意思なのです。

ある認知症の夫の介護をしていた女性の話を紹介します。その方は、喉頭がんを患い、そのステージは4という状態でした。

その女性は、医師から治療方針の説明があった時、はっきりと「どんなに苦しくても、病院での治療を望みます」と言いました。認知症の夫を見捨てるわけにはいかない。だから治す、という意思です。

こんな患者さんもいました。「もうすぐ産まれてくる孫の顔を一目見るまでは死にたくありません」と、抗がん剤治療の継続を求めたのです。

このお二人の決断は、とても尊いものだと、私は思います。

あなたが病気になったら、自分自身の意思で、病院での治療方法を決めてください。繰り返しますが、一番いけないことは、医師の提案に対して、深く考えずに「お任せします」ということです。その時点で、あなたは自分の意思を放棄したことになります。

一方、医師の提案に対して「私は夫の介護をする必要があります。ご提案通り、抗がん剤治療を望みます」というのであれば、それは自分の意思を尊重できたと言えます。

また、医師から「これまでの抗がん剤はあまり効果がありませんでした。抗がん剤を切り替えましょう」といった提案を受けた時、「先生、私は抗がん剤治療をもうやめたいと思います。自宅で最期を過ごしたいです」と意思を伝えるのもまた、「自分らしい選択」だと言えるのです。

特に余命宣告されるなど、末期がん患者さんの場合、本人自身がなにを最優先するか、これを決めることが大事になります。

痛みから解放されることなのか、少しでも長く生きることなのか、生活環境、自由なライフスタイルを重視するのかなど、これは価値観の問題なので、どの選択をしても、本人が決めたことならば正しい決定でしょう。

もちろんそこには、本人の意思が家族にちゃんと理解されていることは欠かせませんし、本人の想いを家族全員が支えようとしていることも欠かせません。

自宅で最期を過ごすという選択をした場合、看取る家族の方にお伝えしたいのは、患者さんの気持ちが日々、揺れ動く場合があるということです。

「楽に早く死にたい」「やはり病院で治療したい」「○○が食べたい」「やっぱり食べたくない」など。死期が迫り、不安な日々を送っているのですから、それはやむを得ないことです。

末期の患者さんを受け止めるということは、最期の瞬間までほんろうされることもあるかと思いますが、どうかそれを肯定的に受けとめてください。

ホスピスという選択肢

急性期病院は、急性疾患または重症患者さんの治療を24時間体制で行っていく病院のことです。つまり、病気を治すことが役割なのです。私が看護師としていくつも勤めた病院は、ほとんど急性期病院です。

一方で、ホスピスと呼ばれる病院もあります。末期がん患者さんに対し、積極的な治療はせずに、緩和ケアを行い、最期を看取っていく施設です。

ホスピスは、病院内に病棟が設置されているケースや、ホスピスのみを行う完全独立型の施設などがあります。

ホスピスであれば、抗がん剤治療などはせずに、モルヒネなどによる痛みの緩和に重点を置きます。その点では、尊厳死に近いものがあります。医療機関ですので、公的な医療保険の対象にもなります。

最近では、最期を過ごす場として、ホスピスを選ぶ人も増えてきています。

一見すると、良さそうな選択にも見えますが、自分らしい死を迎えるには、いくつか問題点もあります。1章で「病院での治療のデメリット」について触れましたが、ホスピスも病院である以上、デメリットは少なくありません。

まず費用についてですが、ひと月に約50万円かかる施設も中にはあります。ホスピスも高額療養費の適応はされますが、それは入院費用などであり、費用のほとんどがベッドの差額代、つまり部屋代なのです。

部屋代は、高額療養費の適応にはなりません。そのため、実費の負担額が増えます。ホスピスのほとんどが、個室で設計されているために広くて、快適さもある反面、費用負担額が大きいのです。

また、ほとんどのホスピスでお酒を解禁していますが、たばこに関していうと、禁煙の施設が多いようです。嗜好品を両方たしなみたい方にとって、この制約は辛いのではないでしょうか。

さらに問題なのは、ホスピスを運営している施設の数が、日本全体で不足していることです。高齢化に伴い、末期がんの患者さんが増えている中で、施設の増設が追いついていないという現状があります。

ニーズはあるものの、建物一棟を造るのに費用と時間と労力がかかるため、急速に増やすことは難しいのです。

そのため、ホスピスに入りたいと思っても、入居待ちということも少なくありません。待っている間に、患者さんの状態が著しく変化してしまうこともあります。それでは、あまりにかわいそうではありませんか。

本人や家族が「終末期はホスピスで過ごす」という選択をするのであれば、もちろん、その選択は正しいといえますが、「終末期＝ホスピス」と、早合点せずしっかりと調べて、よく考えてから決断することをおすすめします。

ホスピスのデメリットにもしっかり目を向けて、ご自身にとってより良い選択をするようにしてください。

病気を治さない、けれど幸せな生活は送れる

私は以前、訪問入浴のスタッフとして働いていた時期があります。訪問入浴とは、看護師1名を含めた3名のスタッフが自宅に訪問し、専用の浴槽を使って入浴をサポートする介護サービスのことです。

患者さんの多くは高齢者で、その中には、在宅医療を選んだ末期がんの方もいました。患者さんと接していて驚いたのは、イキイキとしている方の多さでした。

そしてその後、急性期病院の看護師として、病院で治療をする末期がん患者さんと接した時には、別の意味で驚きがありました。

皆さん、不安や悲しみ、諦めといった表情をしていたからです。「最期、自宅で過ごすことを選んだ方と比べて、こんなにも表情が違うんだ」と思ったものでした。

最期を自宅で過ごす選択をした、ある末期がんの60代女性の話をさせてください。

ステージ4の乳がんを患った彼女は、手術は難しいということで、抗がん剤治療と放射線治療

を行っていましたが、その甲斐もなく、がんはどんどん進行していきました。医師が抗がん剤の切り替えを提案したところ、彼女は「家族（夫と2人の娘さん）と話し合った結果、思い出の詰まった家で最期を過ごすことにします」と言ったのです。

私は訪問入浴のスタッフとして、その女性のお手伝いをしたのですが、はじめて自宅を訪問した時、思わず微笑んでしまいました。それは、彼女が過ごす部屋を見た時です。

夫婦で旅行した時の写真が多く飾られていて、さらに彼女が大好きだったK－POPのアイドルの写真も貼られていました。最期、自分が過ごすお部屋を、居心地のいい空間に作りあげていたことに、笑みがこぼれてしまったのです。

彼女は、痛み止めの点滴をしており、入浴もギリギリの状態で、数分で疲れてしまう状態でした。それでも幸せそうでした。

体温を測る時、私がK－POPアイドルの話を振ると、彼女は目をキラキラさせて、その魅力を語ってくれました。その途中、旦那さんもやってきて、一緒に笑っていました。

もちろん、末期がんですから、時には体を動かした刺激で、一瞬痛そうな表情をすることもありました。また、がんが皮膚の外側にも浸食してきたため、そこからわずかな刺激で出血したりもします。

それでもその女性から悲壮感は見られませんでした。自宅で生活ができて、自分のペースで過ごせて、傍には家族の顔がある――それが、彼女の幸せを形作っていたのだと、思います。

自宅で最期を過ごすことを選ぶ――それは、病気を治さないということでもあります。

それでも、その女性は、病院から解放されたこと、自分の自由を得たこと、家族のそばで生きられたこと、そして何よりも、自分の意思で「自分らしい死」を選んだことで、死に対する不安は薄れ、今この時を大切にしようと前を向きながら日々を送っていました。

その女性は1か月後、息をひきとりました。最期まで笑顔を絶やさない方でした。

好きなように食べて最期を迎える

自宅で幸せな最期を迎えた方の、別の例があります。

その方は70代後半の女性です。彼女は自宅で娘さん夫婦と3人で暮らしていました。肺の状態が悪く、24時間酸素を鼻からの管で入れて生活していました。また、軽い認知症もありましたが、いつも笑っていてとても穏やかな方でした。

その方は腎臓がんの末期のため、料理を作る時は、腎臓をいたわる塩分制限が必要なのです。しかし、その女性は、塩気のあるお菓子を好み、食事も普通のお弁当を宅配してもらい、食べていたのです。

量をたくさん食べる時もあれば、少ししか食べない時もあります。特に、医師から食事の制限を言われていないので自由な食事をしていました。

制限がなく、自宅にいるからなのでしょうか、彼女はいつも笑顔を絶やさず、ニコニコしていて悲壮感や喪失感などは微塵も感じられなかったのです。そして亡くなるギリギリまで、好きなものを好きな量だけ食べて、自宅で穏やかな最期を迎えることができました。

これが病院なら、腎臓が悪いため、塩分を制限した味の薄い食事が出てきます。

大抵、「もっと味が濃い食事が食べたい」と患者さんは希望を言います。入院中、楽しみが少なく、食事は楽しみの1つとして考えている患者さんは多いのです。だからこそ、楽しみの食事の満足度が低いと入院中のストレスも大きくなるのです。

逆に言うと、自宅で最期を過ごすということは、そのようなストレスもなくなるのです。

濃密な時間を過ごして最期を迎える

自宅で最期を迎えた方の3つ目の事例は、ある60代の男性です。彼はがんが全身に転移していました。

痛みもあり、医師は入院が必要と考えていましたが、ご本人の、家にどうしても帰りたいという強い希望があり、ご家族も納得して急遽、家に帰る準備を進めることになりました。

住み慣れた家に愛着もあり、家路に帰った喜びもあったからなのでしょうか。彼は程なくして、天国に旅立ちました。

家にいた時間はわずか3日間でした。時間の長さで言えば確かに長くはないかもしれません。けれど、痛みがあるということで家にいる間、訪問看護師が一晩中泊まり込みでいて、何かあればすぐに対応できるようにずっと、傍についていました。

また、家族ももちろんすぐ近くにいます。そのため、さみしさはありません。

彼は自分が一番過ごしたい場所で家族に囲まれ、最期はとても濃密な時間を過ごすことができました。

人生において必ずしも時間の長さだけが、人生の満足度を決めるわけではありません。誰とどのように過ごしたのか、時間の密度も非常に大事だと思います。

医療スタッフが家に訪問してくれる

病院での治療をやめて、在宅医療を選択したいと思った時、一番の心配事は「家族にかかる負担」だと思います。

誰にも頼ることはできず、家族が24時間付きっきりで、看病しなくてはいけないと思っている人も、多いのではないでしょうか？

しかし、そんなことはないので安心してください。

もちろん、ご家族の負担がゼロになることはありませんが、さまざまなサービスを使うことで、かなり負担を軽減させることができるのです。

まず「身体面のケア」については、家族ではなく、医療従事者が行っていくことが基本になります。詳しくは後述しますが、最期の時間、自宅で過ごす場合は、在宅クリニックより訪問にくる医師（在宅医）により、訪問診療を受けることができます。

また、地域の訪問看護ステーションからくる、看護師の訪問看護も受けられます。その内容は、痛みの緩和や在宅酸素療法、吸引、血圧・体温・脈拍などのチェック、床ずれ防止の工夫など多種多様です。

他には、訪問介護も受けられます。地域の訪問看護ステーションから、ホームヘルパーが自宅に訪問し、ケアをします。身体の清拭、洗髪、入浴介助、食事や排せつの介助などを行っていきます。

繰り返しますが、家族の負担が一切なくなるわけではありません。看護師やホームヘルパーの不在時に、日常生活の中でケアを行うこともあるでしょう。

では、急変時はどうなるのでしょうか。24時間対応を行っている所も多いので、事前に確認をした上で、サービスを受けて下さい。

患者さんが安らかな最期を迎えることができて、かつ家族の負担を減らすには、在宅医、訪問看護師、訪問薬剤師などの「医療チーム」と、ケアマネジャー、ホームヘルパーなどの「介護チーム」と家族が情報共有や協力をするかにかかっています。

ちなみに家族が果たす役割として、一番大きいのは「精神面のケア」です。71ページで紹介した末期がんの女性はご家族の支えがあったからこそ、笑顔で最期を迎えることができました。夫と2人の娘さんは、女性の「自宅で死にたい」という気持ちを受け取って、全身全霊を傾けて、介護に努めていました。

最期を自宅で過ごすことを決めた場合、家族の精神面のケアは大切です。

ご本人の心のより処になれるようなサポートをぜひお願いしたいです。難しく考えなくても大丈夫です。何かしなければと気負わなくても傍にいるだけで十分なサポートになります。

決められた時間内は自分のことだけを看（診）てもらえる

病院では、24時間体制で診てもらえるとは言っても、医師は何人もの患者さんを担当しているため、診察の時間であるにもかかわらず、かなりの時間待たせてしまうこともあります。

外来や手術をしながら、あるいは急患の患者さんの対応もしながらですから、それも致し方ないと言えます。さらに医師が多忙という理由から診察時間が数分程度で終わることもあります。看護師の対応も同じようなものです。医師と同様に、看護師も1人で多くの患者さんを受け持っています。じっくりと患者さんに寄り添えない現実があるのです。

では、自宅で過ごす場合は、どうでしょうか。

まず言えることは、医師や看護師は、その患者さんのためだけに訪問してくれるということです。そのため、診察時間内は、ほかに気を取られることはなく、密に患者さんと向き合うことができます。そのため、患者さんや家族の要望に耳を傾けながら、その方にあった措置を施せます。

訪問介護サービスについても、自宅に訪問している間は、その患者さんに付きっきりです。

さらに自宅に訪問にくる時間の融通も利きます。これが病院の場合、診察時間は病院のスケジュールに則って決められてしまいます。

ところが訪問診療であれば、こちらの要望に合わせて、時間を調整してもらえます。朝が苦手な方であれば、午後に指定することができるというわけなのです。

ちなみに訪問診療と往診は異なります。

訪問診療は、医師による定期的な診察のことです。事前に訪問時間を決めて、当日その時間に医師が自宅に診察に行くことです。

一方、往診とは、突発的な出来事や緊急時、本人や家族から連絡を受けて、急遽医師が自宅を訪問して診察をすることです。

かかりつけ医をもつことは、何らかの事情で病院に通院できない状況でも、定期的に医師に診察してもらい、自分の身体状況を把握してもらえます。

また、自宅で亡くなった場合でも、すぐにかかりつけの医師に連絡をして死亡確認をしてもらえれば、事件や変死扱いされない点でも、大事です。

病院よりも、食事の自由度が上がります

病院食には大きく分けて「一般食」と「特別治療食」の2種類があります。

前者は、病態には配慮せず、厚生労働省が発表しているエネルギー量の指針を目安にしながら、調理していきます。入院の経験のある人は「病院食は薄くて美味しくない」と感じたことはあると思います。これは、カロリーや塩分を調整しているためなのです。

一方、特別治療食は、肝臓食や糖尿病食、腎臓食、術後食、嚥下訓練食などいろいろな種類が

あります。体の状態にあわせて、調理していきます。食事の形態により、全部スープのような食事になることもあります。

病院では、入院患者さんに対して、たとえ本人が「食べたくない」と言っても、基本的には毎日3食提供されます。中には、カロリーを多く摂ってもらうため、甘いジュースのようなものを出すこともあります。これが人によっては飲みづらいと感じるのです。

患者さんの中には「飲みたくないよ」と嫌がるケースも多いのですが、看護師は「体重を減らさず栄養を効果的にとるために飲みましょう」と促す場合があります。

死期が近づいている状態でも、口から食べることのできる限り、食事提供は続きます。病院は「治療する場」だからです。一方、患者さんにとっては、だんだんと食事することが大きなストレスになっていきます。

例えば、抗がん剤治療をしていると、副作用の出現によって味覚はゼロに近い状態になってしまうこともあります。「砂を食べているような食感」「何を食べているか全然分からない。全部同じ感じがする」、中には「味がしないから、まずい」と表現する人もいるのです。

死に近づいているというのは、もうエネルギーを必要としていない状態だといえます。それにもかかわらず、病院では栄養補給を続けます。

場合によっては、口から食事をすることが困難になった患者さんには、鼻から管を入れて胃まで到達させて、毎食鼻から栄養剤を入れて胃に直接送ります。あるいは別の手段として胃ろうという医療措置を施し、胃から直接栄養を送る方法をとることもあります。

胃に直接栄養剤をいれることで吐いてしまう方もいます。そういう方の場合、点滴を何本もつないで生命維持を図ります。

確かに、一時的な入院や治る見込みのある患者さんの場合は、食事ができないと体重減少や脱水になる恐れがあるため、点滴は必要です。ただ末期がんの患者さんに、必ずしも必要かと聞かれたら、私は無理にしなくてもよいのではないかと思います。

また末期がんの方の血管は細く、点滴の針が入りづらく何度か針を刺さないと、入らない場合があります。24時間ずっと点滴をしているため手を動かしたりすることで、点滴の針先が漏れ、痛い思いをして点滴の針を入れ直すということも多々あります。

がんによる苦痛、死が迫っている苦痛、それに加えて点滴の針の痛みとなれば、まさに三重苦です。これはあまりにも酷な状況でしょう。

果たして、これらが患者さんにとって本当に必要なことなのでしょうか。私は、そうではないように感じます。

一方、末期がんで最期を自宅で過ごす場合、食事は、本人の意思が尊重されます。訪問診療の医師は「看取る場」であることを理解しているからです。極端な話、お酒やたばこをたしなむことも、認められます。

さらに食事をする時間も自由です。病院のように、必ずしも朝食を朝の7時に食べなくてもいいのです。たった一口でも大丈夫です。好きなものを好きな時間に食べられたらそれでよいのです。逆に食べられなかったとしても、それでよいのです。

必ずしも1日3食、決まった時間に食事をする必要はないのです。

自宅でも持続的な痛み止めを使い苦痛を和らげることができる

末期がん患者さんの7割近くが痛みに苦しんでいると言われています。患者さんにとって、痛みが激しければ、たとえ自宅で最期を過ごすことを選んだとしても、「自分らしい死」を迎えることは難しいといえます。

多くの末期がん患者さんやその家族が病院での入院を選択するのは、自宅では「痛み止めのケア」が不十分ではないか、不安に思うからかもしれませんね。

しかしながら、そんなことはありません。在宅医療でも、病院と同等の痛み止めのケアを受けることができます。

痛みについては辛いと感じる時、我慢せずに言ってもらえれば、痛み止めが処方されて、安心して使えます。制限は特にありません。痛み止めのケアは、万全を期すことができるのです。

実際、在宅医療の現場を見る限り、自宅で最期を迎える患者さんの多くは、痛み止めを躊躇なく使っている印象を受けます。

また、耐え難い苦しみで、起きているのが辛い状況になれば、時には鎮静剤（だんだんと話ができなくなり、眠りが深くなる薬）を処方してもらうこともできます。意識は「ぼーっ」とした状態になりますが、起きていて辛いよりは、半分寝ている状態にして、眠るように亡くなる——そうしたこともできるのです。

医師で、ひらお内科クリニック院長の平尾良雄先生はこのように述べています。

「がんは最後まで頭がしっかりとしているため、痛みのコントロールさえすれば、死のギリギリまで元気な頃と変わらない生活を送ることができます。

がんによる苦痛は、ほとんどが身体的な痛みによるものなので、麻酔薬をコントロールすれば痛みを抑えることができますし、うまくコントロールできれば『もう今すぐ死んでしまいたい』などと悲観的になることなく、自由に生きることができるのです。オピオイド系の薬（モルヒネなど、がんの緩和ケアで使われる鎮痛剤、医療用麻薬）を処方した患者さんから『先生、私は余命を宣告されたれけど、本当に死ぬの？』と訊かれたこともあるくらいです」（『自宅で死ぬということ　死に方は自分で選ぶ』／講談社ビーシー）

また、医師で、たかせクリニック理事長の高瀬義昌先生は、自宅での療養に不安を感じる末期がん患者の方に次のように述べています。

「痛みのコントロールについても、自宅でも病院と変わりのない緩和ケアが可能です。痛みを抑える薬も飲み薬の麻薬から、座薬、貼り張り薬まで、使いやすいものがそろっていますし、がん鎮痛剤の副作用を抑える薬も、いろいろ開発されています。

ですから、末期がんの患者さんの看取りは、経験豊かな在宅医と訪問看護師がいれば自宅でも安心してできるのです。むしろ、『病院よりも在宅のほうが、がんの看取りに適している』という病院医もいるくらいです」（『自宅で安らかな最期を迎える方法』／WAVE出版）

いかがでしょうか。自宅でも痛みのコントロールはできるのだと、安心できたのではないでしょうか。

このように在宅でも痛みのケアができるのです。いえ、もっと言えば手厚さという点では、在宅医療の方があるのです。

痛みの原因は、がんそのものによる身体的な痛みだけではありません。不安や心配からくる心理的な原因で痛みが強くなることもあります。

病院で働く医師は、痛み止めを出して身体的な痛みの緩和はできるかもしれません。しかし、彼らは複数の患者を診ているため、1人の患者に寄り添って心のケアを行うことは難しいのです。

医師だけではありません。看護師も長い時間、患者さんの傍に寄り添うことは難しいのです。患者さんは亡くなっていくことの不安、がんになった苦しみなど、心に抱えているものはたくさんあります。そのため、丁寧に話を聴く、あるいは話をしなくても傍にいる、それだけでも心理的な痛みは緩和されます。

在宅医療では、1人の人とじっくりと向きあうことで、心身の痛みのケアをすることができ、本当の意味での痛みの緩和ができるのです。

□□

家族に看取ってもらえる可能性が高い

病院では、看護師が付きっきりで患者さんをみることはできないため、患者さんの容態は、ベッドサイドモニターと呼ばれる医療機器を通じて、ナースステーションで常時チェックしています。

そして、いよいよ死期が近くなってきた時、病院にくるようにご家族に連絡を入れます。

病院側は「もうそろそろ……」など、ある程度見立てを立てて、ご家族を呼びますが、人によって、死を迎えるまでの時間経過はさまざまです。

長い時間をかけてだんだん死期に近づく患者さんもいますが、非常に短い時間で亡くなる方もいます。こればかりは、正確な時間を計算することは難しいのです。

そこで起こり得るのが「死の場面に立ち会えない」という事態です。

時間という〝壁〟が立ちはだかります。また患者さんの容態が悪化するのは、昼の時間帯とは限りません。深夜や早朝など、公共の交通機関が動いていない時間に、ご家族に連絡を入れることも多々起こります。そうなると「すぐに駆け付ける」ということは難しくなります。

ご家族が病院から遠いエリアに住んでいれば、さらに時間がかかります。

42ページでも述べましたが、「親の死に目にあえない」というのは、遺された遺族にとっては、大きな負い目になってしまう側面もあります。

私は病院で臨終に立ち会ったことも多くありますが、駆け込んできたご家族が「間に合わなかった……」と肩を落とす場面も多く見ています。

一方、終末期を自宅で過ごす選択をすると、家族が看取れるケースが格段に上がります。「ありがとう」と感謝の気持ちを伝えながら、死の瞬間に立ち会うことができるのです。

第3章

自宅死の準備の仕方
納得して選べば後悔しない

家族との関係性を良好に保ちましょう

厚生労働省の「2018年 人口動態統計月報年計（概数）の概況」によると、同居期間が20年以上の夫婦の離婚数は3万8539組となっています。

1985年が2万434組ですから、この約30年の間で、熟年離婚の割合が倍近くになっていることが分かります。同居年数35年以上の場合でも、6134組（85年は1108組）が離婚しています。

読者の方は、夫婦関係を良好に保っているでしょうか。また夫婦だけではありません。親子関係や兄弟・姉妹関係は良好でしょうか。

自宅で最期を過ごすことを選択した場合、そのサポートは、訪問診療や訪問看護などのサービスで行っていくことになります。そのため、おひとり様でも自宅で過ごすことは可能ですが、家族の支えがあれば、さらに安心した日々を送ることができます。

私たちが赤ちゃんの頃は、母親や父親がずっと見守ってくれていました。1人では何もできなかったからです。

それと同様に、人が死に向かっている時には、誰かのサポートが必要になってきます。今まで当たり前にできていたことが、少しずつできなくなっていくからです。それは自然な流れだと、私は思います。

そのため可能な限りサービスを使って、さまざまなサポートを受けられるわけですが、それでは、身体がきつい状況の中で、突然「水が飲みたい」と思った場合は、誰に頼めばいいのでしょうか。もちろん、ホームヘルパーなどに頼むことは可能ですが、その時に訪問しているとは限りません。不在であれば「すぐに飲みたい」といった希望は叶えることはできません。

そういう時こそ、家族のサポートが必要になってくるのです。

末期がんになるとだんだん、「ちょっとしたこと」が自分ではできなくなっていきます。元気な時は「アイスが食べたい」と思ったら、散歩がてらコンビニに行き、好きなものを買うことができました。しかし、それができなくなるのです。ただし、家族がいれば「買い物のついでに買ってきて」と頼めます。

精神的な支えという面でも、家族の存在は大きいといえます。家族の笑顔があれば、患者さんのリラックス度は相当違ってきます。

今ほとんどの病院では新型コロナウイルス対策のため、家族の方と患者さんの面会を禁止する措置を取っています。

それにもかかわらず、あるご家族がこっそりと待合室で患者さんと会っているのを目にしたことがありました。当然、面会禁止の必要性を説明したのですが、その一方で、私は面会禁止という対応がとても酷な措置だと感じました。

というのも、患者さんは日々孤独と戦っています。入院という不安や心配を抱えている中で、自分の思いを気兼ねなく言える存在が、家族だと思います。

そのため、家族に会った時の患者さんはとてもいい表情をしていました。医療従事者がどんな援助をしても、このうれしい表情を引き出すことはできない――そう私は思いました。

今、本書を手にしている方にお伝えしたいのは、家族間の関係を良好に保っておいてほしいということです。とはいえ、夫婦の場合、長年一緒にいることで、不平不満が蓄積されていることもあるでしょう。

しかし考えていただきたいのは、年を重ねるにつれて、1人ではできないことが、確実に増えてくるということです。これは最期を自宅で過ごす方に限った話ではありません。あなたが寝たきりになったり、認知症になることだって、十分ありうるのです。

子どものいる夫婦の場合は、子どもとの関係性を良好に保つことも大切になってきます。71ページで紹介した末期がんの女性は、夫のほか、娘さん2人が手厚いフォローをしてくれたからこそ、幸せな最期を送ることができました。

また支えてくれる存在はご家族に限りません。友人や親せきなどのサポートを受けて、自宅で過ごす方もいます。もし独り身であれば、同じ境遇の友人や知人などと最期をどう過ごすか、自宅死について話し合い、お互いに支え合うプランを練ってみるのもいいかもしれませんね。

自分の人生の終焉と本気で向き合いましょう

医療の現場で、医師から余命を伝えられ、取り乱してしまう患者さんを多く見てきました。それは若い方だけではありません。

高齢の方でも、死を直視できず動揺してしまう場合もあります。それは誰にでも起こりうることです。しかし、死は避けることができないものです。そのことを私たちはしっかり認識する必要があります。

令和元年の日本人の死亡数を知っていますか？　その数は１３７万６０００人となっています。

1日3769人が亡くなっている計算になります。1時間で157人、1分で2人亡くなっているのです。

この数字を見ると、人の死というものが、とても身近な存在であることが分かります。

病院ではなく、自宅で死にたい――元気なうちに、そう決意した人であっても、実際に「死期」が間近にせまると、容易にその事実を受け入れられないものです。

しかし、自宅死や病院死について学び、自分の心の中で死について真剣に向き合っていけば、時間はかかるかもしれませんが、少しずつ「死」を受け入れることができるようになります。

自分の死と本気で向き合えた時、心は限りなく平穏な状態になるのです。

自宅で最期を決断するタイミングとは？

病院で治療を受けている中で、いつ在宅治療を決断すればよいのでしょうか。1章で触れたように、医師から「もう積極的な治療はやめて、家に帰った方がいいですよ」と打診されることは、ありありません。

つまり、あなた自身が意思を示す必要があるのです。

なお入院中、心肺停止状態になった時に、気管挿管、心臓マッサージ、人工呼吸器の装着などによる、二次心肺蘇生措置を行わない意思（ＤＮＡＲ）を示すことはできますが、これは「自宅で最期を過ごす」選択をしたというわけではありません。

最期を自宅で過ごすことを決断するタイミングはいくつかあります。

まずは、医師から「余命」が伝えられた時です。治療をしていて、もう効果が期待できないと分かると、患者や家族に「余命はあと◎か月かと思います」という話を医師から切り出されることがあります。

基本的に、急性期病院の医師は、患者さんに対して治療をし続ける傾向にありますが、患者さんに寄り添う医師の場合、「治療をしても効果が薄い」ことを、伝えてくれるケースもあるのです。

余命が伝えられたら、それは「もう治る可能性は低い」ということです。自宅に帰る決断をしてもよいのです。

他には、治療が「緩和治療」に切り替わった時です。例えば、がん治療では、治すというよりも、緩和的な目的で抗がん剤を使用することも少なくありません。つまり、もともとある病気に対しての治療は、もう行っていないということになります。

ただ緩和治療については、薬が切り替わるタイミングなどで、「どのような効果が期待できますか？」といった具合に、医師に質問を求めることも大切になります。

日本の医療現場では、いまだに「医師は偉い」と思い、すべてを医師に委ねる傾向にあります。しかし、実際は医師も患者さんも1人の人間であり、対等なのです。

どんどん説明を求めていいのです。自分で選択して決断する勇気をもってください。

患者さんの中には、よく分からないから、不安だから、医師の言うことを聞こうとする人がいます。しかし、実際は逆です。

よく分からなくて、不安だからこそ、専門家にたくさん聞いて疑問をなくし、不明確な部分を明確にしてほしいと思います。

医師には、説明の義務があります。患者さんや家族が求めれば、話し合いの場をセッティングしなくてはならないのです。

そして何より、自分自身の人生です。人任せではなく、自分でどうしたいのかを明確にしてください。医師からの説明を聞いて、今、自分自身が緩和治療をする段階にいるということが分かり、「自宅に戻りたいな」と思えば、その意思を伝えればよいのです。

ただし、こうした本人の意思に対して、家族が「いや、頑張ろうよ」と言ってしまえば、患者さんは入院したままになります。そのため家族間で「本人の意見を尊重する」重要性を共有して

末期がん患者が
自宅死を選択するタイミング16

治療において

- 医師から余命宣告された時
- 治療が「緩和治療」に切り替わった時
- 治すための治療はもう必要ないと思った時
- 自宅での痛みを和らげたりする緩和ケアについて目途がたった時

食事において

- 食事が摂れず、生きるために食事の代替え方法を提案された時
- 酒、タバコなど禁止されている嗜好品を摂取したくなった時

生活において

- 自分の生活リズムで生活したくなった時
- 好きなものに囲まれて生活したいと思った時
- 家が恋しくなった時

人間関係において

- 自分が好きな時間に好きな人と会いたいと思った時
- 家族に囲まれた生活をしたくなった時

自分の使命において

- 家族、親族に伝えたい本心があると思った時
- 本を書きたい、絵を描きたいなど死ぬまでに表現したいことがあると思った時
- 遺産相続の手続きをしっかりしておきたいと思った時

断捨離において

- 形ある物の身辺整理をしたいと思った時
- 自宅PCに保存されているデータなど形ない物の身辺整理をしたいと思った時

おいてください。

そうすれば、本人が「自分の最期を自宅で過ごしたい」という意思を示した時に、家族は「本人の言うことを優先させよう」と思うことができます。

病院に「家に帰る」意思を伝えるのは、焦らなくて大丈夫です。緩和治療に入っている段階でもかまいません。家族と何回も話し合ってからでもよいのです。

自分の中で、ベストだと思うタイミングで、病院側に伝えてください（97ページに患者さん本人が自宅死を選択するタイミングを表にしたので、参考にしてください）。

自宅に戻るタイミングを失わないで

患者やその家族が、自宅に戻る決断をした時にでも、病院側は患者さんの容態を見て、「まだ帰すべきではない」と判断した場合は「もう少し様子をみましょう」と提案されるケースもあります。

熱が出ている場合や吐き気がある場合など、病気による特別な症状が出ている状態だと、病院側は「治療をして、小康状態になったら退院させよう」と考えるケースも少なくないのです。

この場合、必ずしも病院側の意向に沿う必要はありません。なぜかといえば、末期がん患者さんにとっては、残された時間がそう長くはないからです。

患者さんの容態が悪いと判断すると、病院側は点滴などの医療行為をします。それは1日や2日で終わるものではなく、ある程度の日数をかけることもあります。その結果、治療中に、どんどん体調が悪化することも大いに考えられるのです。

そうなれば、自宅に戻ったとしても、ただ寝ているだけで、家族との大切な時間を過ごすことは難しくなります。

もちろん私は「何が何でも家に戻る」という主張をすべきだとは思いません。症状が悪い状態では、家に戻っても、家族がたいへんな思いや苦労をするからです。

しかしながら、自分自身と向き合ってみて「今の体調であれば、自分の足で帰ることができる」と確信が持てるのであれば、自分の意志を貫くことも大事だと、私は思います。

なお、病院側が入院の継続を打診したとしても、本人や家族が「それでも帰ります」という決断を下した場合は、引き留める義務はありません。

その場合、病院側はしっかりと退院に向けた段取りを整えてくれるでしょう。

在宅医療とは何か？

末期がん患者さんの中には病院を退院し、最期を自宅で過ごす場合、「誰にも迷惑はかけたくない」と、誰にも頼らずに、本人や家族だけで、何とかしようと思う人もいます。

しかし、それは「体の痛みがまったくない」といった場合や、健康体の人と同じように体を動かすことが可能な人に限られます。それは非常に稀なケースといえます。

多くの末期がん患者さんは、自宅で受けられるサービスを利用しながら、日々を過ごされています。在宅医療で受けられるサービスは、いろいろあります。それらのサービスを組み合わせて、自宅で過ごしやすい生活を送るのです。

この中で、核となるサービスが「訪問診療」となります。

終末期を迎えると、病気の種類にかかわらず、痛みが強くなることが多くあります。それによって、熟睡ができなくなったり、体を動かすことも辛くなっていきます。精神的なストレスも受けます。

終末期の患者さんに対する訪問診療は、人生の残り時間を自分らしく過ごし、満足感を抱いて最期を迎えられるようにすることを目標とします。

そこでは主に、病気がもたらす苦痛や不快感に対する症状緩和を図ります。

具体的にはまず、痛みを和らげるための薬を使っていきます。WHO（世界保健機関）方式がん疼痛治療法に則りながら、可能なうちは口から薬を飲み、飲めなくなった場合は、痛み止めのテープなどに切り替えていきます。

薬の処方によって、気持ちが悪いのであれば、吐き気を止める薬を処方してもらいます。

また、せん妄に対するケアも行っていきます。せん妄は突然、認知機能の低下や幻覚、妄想などが一時的に起こる症状で、1日の中で症状の強弱があります（落ちつけば、通常は回復します）。主に注意力が障害されます。

せん妄はよく認知症と比較されますが、認知症の症状は1日の中での変動が少ないです。また、ゆっくりと進行していき、不可逆的です。主に記憶力が障害されます。

せん妄はがん患者さんに多い症状で、まず始めは状態を確認していきます。治療が不要であれば、経過を観察していきますが、せん妄の症状が強ければ飲み薬を使用することもあります。

こうしたケアをしつつ、おしっこは出ているのか、肛門の弛緩の具合はどうか、あるいは、瞳孔が散大していないかチェックしつつ、死の兆候が近づいているかなどを確認していきます。

ところで、医師の訪問頻度が月4回程度と聞いて「え!? そんなに少ないの？」と、驚いた人もいるかもしれません。確かに、この日数では、療養上の世話などを完璧に行うことは不可能でしょう。

そこで、「訪問看護」という医療サービスの出番となります。

訪問看護とは、訪問看護師や准看護師が、自宅に訪問し、医師の指示のもと、医療処置や日常のお世話、病気に対する看護などを行っていくというものです。

この指示は「訪問看護指示書」によって伝えられます。訪問看護ステーションを通じて、訪問看護師などは患者さんの自宅に伺います。

訪問看護で提供されるサービスは、主に以下の通りになります。

1 病気の状態・意識状態・血圧・体温・脈拍・呼吸などのチェック
2 体の清拭、洗髪、入浴介助、食事の介助・排せつ介助
3 薬が飲めているか。薬の作用・副作用チェック。薬の管理方法のチェック
4 医師の指示に従った処置
5 医療機器の管理（在宅酸素など）
6 床ずれ防止のための処置、床ずれの手当て

7 適切なターミナルケア
8 患者さんへの対応方法の助言
9 ご家族への説明や相談

介護保険サービスを使うため、要介護認定を受ける

介護保険サービスを利用するためには、要介護認定を受け「介護が必要である」と判断されなければなりません（１１０〜１１１ページに介護申請末〜在宅医療を受けるまでの流れを表にしています）。

そこで最初に介護保険の申請に行きます。患者さんが入院している場合、家族が行きます。場所は地域包括支援センターか市区町村、もしくは居宅介護支援事業所へ申請に行きます。申請だけなら、どこも大きな差はありません。

市区町村なら、「高齢者福祉課」や「介護保険課」といった窓口で公務員の職員が行っています。

ただし、介護や福祉や健康についての専門家が不在のため、それらの相談ができないのです。居宅介護支援事業所は申請も行えます。介護度が決まってからの方が利用する機会が増え、ケアプランの見直しや変更などの相談にものってくれる場所です。

地域包括支援センターは高齢者の生活を地域でサポートする役割があり、健康や介護、生活に対する相談について、65歳以上の人なら誰でも無料で相談できる場所です。

介護分野の専門家であるケアマネジャー、福祉制度の専門家である社会福祉士、健康について相談ができる保健師が所属しています。

なお申請時は、入院していたら、病院の主治医の名前も伝える必要があります。要介護認定では「主治医の意見書」も必要だからです。この意見書は、行政が主治医に依頼します。そのため、申請時に主治医の意見書の持参がなくても大丈夫です。

介護保険の申請手続きが終わると、後日、認定調査員が入院中なら病院に訪問し、自宅にいる場合なら自宅を訪問し、要介護認定調査が行われます。まず、認定調査員が質問をして、答えられる場合は本人へ聞き取りをします。返答が難しければ、家族が答えます。

調査内容は「身体機能・起居動作」「生活機能」「認知機能」「精神・行動障害」「社会生活への適応」と大きく分けて5項目とその他に分けられ、全部で74項目の質問項目があります。

例えば、次ページのような質問になります。

要介護認定調査の主な質問項目

身体機能・起居動作

- ✓ 麻痺の有り無し、関節の動きの制限
- ✓ 寝返りや起き上がりの可否
- ✓ 立位、座位を保てるかの可否
- ✓ 歩行状態
- ✓ 爪切りができるのか
- ✓ 視力、聴力

など

生活機能

- ✓ 乗り移りや移動動作の可否
- ✓ 食事の状況
- ✓ 歯磨き・洗髪・洗顔の状況
- ✓ 衣類の着脱の状況
- ✓ 外出頻度

など

認知機能

- ✓ 意思の疎通が可能かどうか
- ✓ 生年月日が言えるのか
- ✓ 短期記憶はどれくらい記憶できるのか
- ✓ 毎日の日課を理解できているのか
- ✓ 自分の名前を言うことができるのか
- ✓ 場所の理解をできるのか
- ✓ 外出すると戻れないことはないのか

など

精神・行動障害

☑ ものをとられたなど被害的になったりしないか
☑ 泣いたり笑ったり情緒が不安定になったりしないのか
☑ 昼夜の逆転は見られないのか
☑ ものを集めたり、無断でもってくることはしないのか
☑ 1人で外に出たがり、目が離せないことはないのか

など

社会生活への適応

☑ 薬の管理状況
☑ 金銭の管理はできるのか
☑ 集団生活が送るのが難しいのかどうか
☑ 買い物ができるのか
☑ 簡単な調理はできるのか

など

その他

☑ 過去14日間に受けた医療（点滴・透析など）
☑ 経管栄養
☑ 住まいの環境や家族状況

など

認定調査員は聞き取り調査だけではなく、患者さんやその家族に口頭で「何か気になることはありますか？」といった質問をします。

もし「こんなことで困っている」「こんな症状がある」など気になることがあれば伝えてください。また、本人を前にして伝えづらい場合、家族はメモにして認定調査委員に渡す方法もあります。大切なのは包み隠さず、ありのままの状態を、話すことです。

認定調査員が要介護認定を決める際の大切な判断材料になるからです。

聞き取り調査項目は多いですが、調査にかかる時間は約30分～1時間程度で終了します。

要介護認定調査を終えると、総合的に判断した結果、約1～2か月後に通知が届き、要介護区分が書かれており、全部で7段階に分かれます。

要支援1――ほぼ自立して日常生活は送れるが、介護予防や支援は必要である状態。

要支援2――要支援1よりわずかに日常生活動作を行う能力が低下し、何らかの支援が必要な状態。

要介護1――要支援状態2から、日常生活動作を行う能力が一部低下し、部分的な介護が必要となる状態。

要介護2――要介護1の状態に加えて、日常生活動作についても部分的な介護が必要な状態。

要介護3——要介護2の状態と比較をして、日常生活動作及び手段的日常的生活動作（電話をする、薬の管理、金銭管理など日常生活動作よりも高度な運動や記憶力や判断能力を必要とする動作）の両方の観点からも著しく低下し、ほぼ全面的な介護が必要な状態。

要介護4——要介護3の状態に加え、さらに動作能力が低下し、介護なしには日常生活を営むことが困難となる状態。

要介護5——要介護4の状態よりもさらに動作能力が低下しており、介護なしには日常生活を営むことがほぼ不可能な状態。

介護度は、自分1人ではできず、誰かに介助や介護を依頼する頻度が多くなると、より重くなり、1か月の介護保険の利用限度額も高くなります。寝たきりの状態になると、多くの場合、要介護5になります。

末期がんにより自宅で過ごすことを選んだ場合、病院を退院した時点では、ある程度身の回りのことはできる状態なので、要介護1や2といった場合が多いのが実態です。

終末期の方で要介護区分の結果が出るまで待てない場合、暫定の介護度が出ていれば認定調査翌日より介護サービスが利用できます。

ケアマネジャーを探して、ケアプランを立てる

要介護度が決まると、介護保険サービスの中から、何を利用するのかを決めていきますが、これはケアマネジャー（介護支援専門員）と一緒に行っていきます。

ケアマネジャーとは、「ケアプラン（介護サービス計画書）」を作成し、市区町村や病院などと連携し、利用者の介護サービス全体をマネジメントしていく人のことです。彼らへの費用は、利用者側ではなく介護保険から支払われます。

では、ケアマネジャーはどのように探せばいいのでしょうか。地域包括支援センターか、居宅介護支援事業所に相談に行くのです。そこからケアマネジャーを決めていくのです。

居宅介護支援事業所とは、要介護認定を受けている人のケアプランを作成する事業所のことで、ケアマネジャーが常駐しています。

末期がん患者（介護申請未）
入院〜退院・在宅医療を受けるまでの流れ

入院中

→ 相談（本人または家族）

病院のソーシャルワーカーに相談

→

介護申請がまだの場合

→ 申請（家族）

地域包括支援センターか市区町村か
居宅介護支援事業者
※主治医意見書作成は代行依頼可能

→ 申請（家族がいない時はソーシャルワーカーが代行）

居宅介護支援事業者または地域包括支援センター

すでに介護保険申請済みの方は担当のケアマネジャーに相談をする。また入院中はソーシャルワーカーにも相談をする。

→

ケアマネジャー決定

→ 介護認定調査（ケアマネジャー）

病室にて訪問調査

→ 調査（本人または家族）

審査

→ 通知（本人または家族）

介護度決定

→ 相談（本人または家族）

ソーシャルワーカーに相談

→ 面談（家族）

訪問診療先の選択

→ 依頼（ソーシャルワーカー）

福祉用具利用の決定

介護判定ならず

→

介護保険使えない

→ 不服申し立て（家族）

介護保険審査会へ再調査依頼可能

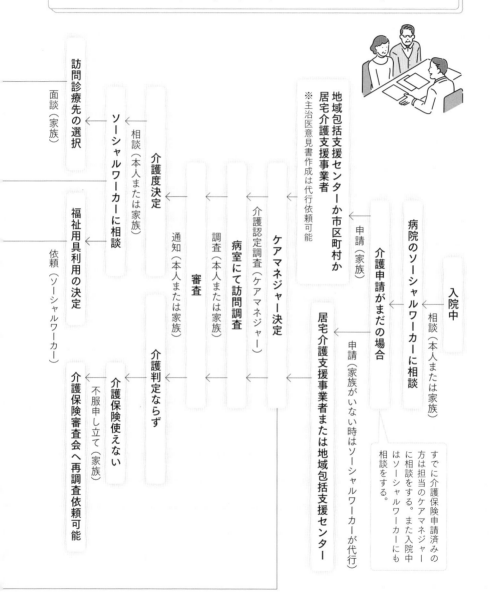

在宅クリニック決定

参加
（間に合えば在宅医）

福祉用具設置・自宅改装

退院カンファレンスの日程調整

訪問看護ステーション決定

参加
（間に合えば訪問看護師）

退院後カンファレンス
本人または家族・主治医・看護師・言語聴覚士・作業療法士・理学療法士・管理栄養士・薬剤師・ケアマネジャー・ソーシャルワーカー等（参加できる職種全員）

医療保険サービス内容決定

介護保険サービス内容決定

書類作成（主治医）
・訪問看護指示書
・特別訪問看護指示書
・診療情報提供書

書類作成
・看護退院サマリー（看護師）
・リハビリサマリー（言語聴覚士・作業療法士・理学療法士）
・訪問歯科診療情報提供書（歯科医師）

書類作成（ケアマネジャー）
・ケアプラン

自宅退院

在宅医療・介護サービス開始可能
家に帰った日から利用可能

【初回訪問時】
・訪問看護指示書または特別訪問看護指示書と看護退院サマリーを訪問看護師に渡す
・診療情報提供書は在宅医に渡す
・リハビリサマリーをリハビリスタッフ（言語聴覚士か作業療法士か理学療法士）に渡す
・訪問歯科診療情報提供書を訪問歯科医師に渡す

【必要時】
以下作成依頼して渡す（需要はあるが現状実施している地域がまだ少ない）
・訪問栄養指導指示書・情報提供書を在宅管理栄養士に渡す
・訪問薬剤管理指導指示書・情報提供書を保険薬局の薬剤師に渡す

ケアマネジャーは1人で何人もの要介護者を担当しているため、忙しい方がほとんどです。その中でも最終的に「この人は話を聞いてくれて、寄り添ってくれる」「相談しやすい」「こちらの状況をよく把握してくれている」と感じたら、そのケアマネジャーに依頼をすればよいでしょう。

なお、ケアマネジャーは何度でも変えることができます。もしも相性のあわないケアマネジャーが担当の場合は、変更してもらうこともできます。

訪問診療を受ける病院の探し方

病院を退院し、自宅で過ごすことを決めて、そのことを病院側に伝えたら、「訪問診療を受ける病院探し」や「利用する介護保険サービスの決定」の段取りに入ります。

まず、最初の段階としては、入院や通院している病院の医療ソーシャルワーカーに相談をすることです。医療ソーシャルワーカーとは、病院における福祉の専門職のことで、入院から退院までのことで疑問や心配に思うこと、退院後、自宅での生活について不安な点があれば、社会的・

経済的な面まで幅広く相談に乗ってくれます。

「訪問診療を受ける病院の情報を教えてほしい」と相談すると、在宅医療を行っている病院についての情報を教えてもらえます。

その際はまず、患者さん本人もしくは家族は医療ソーシャルワーカーと面談をします。そこは、患者さんの病気の具合や生活状況を分かる範囲で伝え、入院前などは日常生活がどれくらいまで1人でできていたのかを伝えます。

そして退院後にどんな生活を望むのか、家族のサポートはどれくらいまでできるのかを話をします。この時、困ったことや心配ごとがあればそれも伝えてください。

病院に勤務して思ったことは、自宅に帰ってからの希望の「何がしたい」「どうしたい」を明確にされない人が多いということです。

本人は「自由にいろいろしたい」と言い、家族も「本人に好きなようにさせてあげたい」と答える場合があるのですが、この表現では抽象度が高すぎて、他者には伝わらないのです。そのため、具体的な言葉で言った方が伝わります。

例えば、「入院中はお風呂に入れなかった。だから家でお風呂に入りたい。しかし、一人で入るのは難しいから何とかして家でお風呂に入りたい。どうにかできませんか？」と相談したり、あるいは「お酒が好きでどうしても呑みたい。肝臓が悪いのは知っているけど家に帰ったら呑みたい。許可をもらえるように先生にお願いをしてほしい」といった具合です。

面談後に今後の方向性や自宅からの距離などを医療ソーシャルワーカーは総合的に判断して、可能な限り希望に添えるような在宅クリニックを紹介してくれます。そこで面談に行くのです。

訪問診療を受ける在宅クリニックは、自宅から近い方が心理的な安心感はあります。もともと、緊急時に備えて在宅クリニックと自宅の距離が16キロメートル以内にある場所と決められていま す。そこまで距離については患者さんや家族が気にしなくても大丈夫です。

距離の問題よりも、面談した時に寄り添った対応をしてくれるか、そちらの方が重要になります。なぜ、寄り添ってくれることが大事なのか。

それは終末医療というのは、人と人、つまり医療従事者と患者さん・家族とのコミュニケーションで成り立っているといっても過言ではないからです。

それだけに面談時に「この在宅クリニックで働くスタッフの方は、話を聴いてもらえないな」、あるいは「対応が機械的で、温かみを感じないな」などと感じたら、無理して決めなくても大丈夫です。

また、必ず医療ソーシャルワーカーが提案した、在宅クリニックでなければいけないという決まりはありません。

家族間で決めた在宅クリニックがあるのなら、それでもよいのです。その時、どこの場所にあるかを、在宅クリニックの名称とともに、医療ソーシャルワーカーに伝えてください。

訪問看護は医療保険と介護保険の2種類がある

訪問看護は、医療保険と介護保険の2種類の利用形態があります。簡単に言うと、要介護認定を受けている場合は、介護保険の訪問看護、受けていない場合は、医療保険の訪問看護の仕組みを利用します。

40歳以上の国民は、介護保険制度に加入しなければならず、保険料を納める代わりに、65歳以上で介護が必要になると（45歳以上65歳未満の特定疾患も含む）、自己負担額1～2割で、さまざまな介護保険サービスを受けることができます。

ただし、介護保険制度に加入しているだけでは、介護保険サービスを受けることはできません。要介護認定を受けて、介護認定される必要があります。

この要介護認定を受けた場合、医療保険ではなく、介護保険の訪問看護を利用することになる

「厚生労働大臣が定める疾病」と「介護保険の16大疾病」

厚生労働大臣が定める疾病等

週4日以上の訪問、複数回訪問、2か所の訪問看護ステーションの利用が可能

1 末期の悪性腫瘍

2 多発性硬化症

3 重症筋無力症

4 スモン

5 筋萎縮性側索硬化症

6 脊髄小脳変性症

7 ハンチントン病

8 進行性筋ジストロフィー症

9 パーキンソン病関連疾患
- 進行性核上性麻痺
- 大脳皮質基底核変性症
- パーキンソン病（ホーエン・ヤールの重症度分類がステージ3以上であって、生活機能障害度がⅡ度またはⅢ度のものに限る）

10 多系統萎縮症
- 線条体黒質変性症
- オリーブ矯小脳萎縮症
- シャイ・ドレーガー症候群

11 プリオン病

12 亜急性硬化性全脳炎

13 後天性免疫不全症候群

14 頸髄損傷

15 人工呼吸器を使用している状態及び急性増悪期の場合

16 ライソゾーム病

17 副腎白質ジストロフイー

18 脊髄性筋萎縮症

19 球脊髄性筋萎縮症

20 慢性炎症性脱髄性多発神経炎

介護保険の16特定疾病

40歳以上65歳未満の2号被保険者が介護保険を申請できる疾病

1 **末期のがん**（医師が一般に認められている医学的知見に基づき回復の見込みがない状態に至ったと判断したものに限る）

2 **関節リウマチ**

3 **筋萎縮性側索硬化症**

4 **後縦靭帯骨化症**

5 **骨折を伴う骨粗鬆症**

6 **初老期における認知症**

7 **進行性核上性麻痺、大脳皮質基底核変性症及びパーキンソン病**

8 **脊髄小脳変性症**

9 **脊柱管狭窄症**

10 **早老病**

11 **多系統萎縮症**

12 **糖尿病性神経障害・糖尿病性腎症・糖尿病性網膜症**

13 **脳血管疾患**

14 **閉塞性動脈硬化症**

15 **慢性閉塞性肺疾患**

16 **両側の膝関節または股関節に著しい変形を伴う変形性関節症**

出典：厚生労働大臣が定める疾病等

わけです。

医療保険の訪問看護と介護保険の訪問看護では、適応条件などの違いがあります。

1 医療保険の訪問看護――厚生労働大臣が定める疾病等（116ページ参照）に該当する人に限られます。例えば、40歳以上から使える介護保険の適応外になる0～39歳の末期がんの人は、医療保険の訪問看護が適応になります。

2 介護保険の訪問看護――介護認定を受けている65歳以上の人と、40歳から64歳までの人で介護補保険の対象となる疾病に該当する人です。

こうしてみると、両者ともサービス内容としては、少し物足りなく感じるかもしれません。しかし、大丈夫です。

末期がん患者さんの場合は、さらに手厚い看護が受けられます。

具体的には、医師から「特別訪問看護指示書」が発行されることで、訪問看護の回数が驚くほど増やせるからです。

この指示書は、医師が診療の結果、「末期がんなどで、この患者さんは週4日以上の頻回の訪問看護の必要がある」と判断した場合に交付されるものです。この指示書がある場合は、介護保険ではなく、医療保険の訪問看護を利用することになります。

特別訪問看護指示書が出されたら、1か月の約半分にあたる14日は、毎日訪問看護が可能です。

さらに、床ずれにより、皮膚の欠損が奥深くまで広がっている人や、気管に穴をあけて、カニューレと呼ばれる呼吸を助ける専用の管が入っている人は、毎日の訪問が可能です。

なお、末期がん以外でも、多発性硬化症、重症筋無力症、ALS（筋萎縮側索硬化症）などもこの特別訪問看護指示書が適用されます。

介護保険のサービスをうまく活用する

要介護認定を受けると、自己負担額1〜3割（平成30年8月から現役並みの所得のある方は、介護サービスを利用した時の負担割合が3割）で、さまざまな介護保険サービスを受けることができます（122ページに介護保険の自己負担の割合を掲載します）。

要介護認定は7段階に分かれており、介護度が高いほど、利用限度額が上がります。

例えば、123ページに介護保険サービスの利用額の表がありますが、要介護1の場合で、月

16万7650円までの介護保険サービスを使うことができ、自己負担額は1万6765円（1割負担の場合）ですが、要介護5になると、月36万2170円まで使うことができ、自己負担額は3万6217円（1割負担の場合）となります。

介護保険サービスは、1つずつ値段が決められており、要介護5の場合で、利用するサービスの合計額が月36万2170円までは、1割負担でOKというわけなのです。

要介護1の場合、月16万7650円までの介護保険サービスを使うことができると説明しましたが、この金額を超えて使うことはできないというわけではありません。上限を超えた分は全額自己負担になるということです。

なお、介護保険サービス利用料についても、所得に応じて、上限が決まっています。その上限額を超えると、超えた分は申請することで払い戻しを受けることができます。

在宅で過ごす上で、訪問診療と訪問看護は大切になってきますが、この2つは、医療や看護など専門性が高いケアとなります。身の回りや日常生活のサポートを受けるには、介護保険サービスを利用しましょう。

介護保険サービス内容は大きく分けると4つになり、内訳が、

- **専門家に訪問してもらうサービス**
- **施設に通って受けるサービス**

- **施設に短期入所して受けるサービス**
- **住環境を整えるためのサービス**

に分かれます。

この中でも、「専門家に訪問してもらうサービス」と「住環境を整えるためのサービス」を使うことが多いため、実際どんなサービス内容なのか、次に説明します。

【専門家に訪問してもらうサービス】

1 訪問介護――ホームヘルパーが自宅を訪問して、入浴、排せつ、食事などの介助、料理、買い物などの日常生活上のお世話を行う。

2 訪問入浴介護――看護師や介護職員が専用の浴槽を持参し、自宅での入浴をサポートする。

3 居宅療養管理指導――医師・歯科医師・薬剤師などが利用者宅に訪問し、医師の指示の元薬の飲ませ方や療養上の管理や指導などを行う。

4 訪問リハビリ――リハビリ（機能回復訓練）の専門家が訪問し、リハビリを行う。

5 訪問看護――118ページで説明した介護保険で使える訪問看護。

介護サービスの利用者負担割合について

65歳以上の利用者負担の割合

所得金額	世帯	年金収入と その他の所得の合計金額	負担割合
220万円以上	単身世帯	340万円以上	3割
		340万円未満280万円以上	2割
		280万円未満	1割
	2人以上世帯	463万円以上	3割
		463万円未満346万円以上	2割
		346万円未満	1割
220万円未満 160万円以上	単身世帯	280万円以上	2割
		280万円未満	1割
	2人以上世帯	346万円以上	2割
		346万円未満	1割
160万円未満	——	——	1割

第2号被保険者（40歳以上65歳未満の方）、市区町村民税非課税の方、生活保護受給者は上記にかかわらず1割負担

1か月の介護保険サービス利用限度額（標準）

要介護度	世帯	利用限度額	自己負担1割	自己負担2割	自己負担3割
要支援1	5032単位	**50,320円**	5,032円	10,064円	15,096円
要支援2	10531単位	**105,310円**	10,531円	21,062円	31,593円
要介護1	16765単位	**167,650円**	16,765円	33,530円	50,295円
要介護2	19705単位	**197,050円**	19,705円	39,410円	59,115円
要介護3	27048単位	**270,480円**	27,048円	54,096円	81,144円
要介護4	30938単位	**309,380円**	30,938円	61,876円	92,814円
要介護5	36217単位	**362,170円**	36,217円	72,434円	108,651円

【住環境を整えるためのサービス】

1 福祉用具貸与――車椅子や松葉杖や歩行器など、日常生活の自立を助けるための福祉用具を貸与。要介護度によって利用できる用具は異なる。

2 特殊福祉用具購入費の支給――入浴椅子や腰掛便座などの福祉用具の購入費を支給。

3 住宅改修費の支給――手すりや、和式から洋式への便座の取り換えなどの住宅改修費を支給。

この中でも、「訪問介護」は特に重要度が高いので説明します。サービス内容は「身体介護」と「生活援助」に分かれます。

【身体介護のサービス内容】

1 食事介助――食事が食べられるように介助を行う。

2 入浴介助――入浴あるいは部分浴（髪、顔、足、腕、陰部などの部分を洗浄）の介助を行う。

3 身体整容介助――洗顔や歯磨きの介助を行う。

4 清拭――入浴ができない場合、体を拭いて清潔にする。

5 排せつ介助――トイレの介助やオムツの交換などを行う。
6 更衣介助――衣類の着替えの介助を行う。
7 歩行介助――自分の足で歩く場合、その介助を行う。
8 体位変換――寝たきりの場合、床ずれ予防のために体の向きを変える。
9 移乗介助――ベッドから車椅子に移る場合の介助を行う。
10 移動介助――座ったり歩いたりする動作が難しい場合の介助を行う。

【生活援助のサービス内容】
1 掃除――家の掃除、ゴミ出しなどを行う。
2 洗濯――衣類の洗濯、ベランダ干し、衣類の取り込み、衣類をたたむ。
3 調理――調理、もりつけ、配膳、片づけまでを行う。
4 買い物――生活に必要な物を代行で買いに行く。
5 ベッドメーキング――ベッドのシーツを交換する。

なお、訪問介護では受けられないサービスもあります。「本人のためではない行為」「本人の生活に支障をきたさないと判断される行為」「日常的に行われる家事の範囲を超える行為」です。

例えば、「庭の草むしり」「ペットの世話や散歩」「家具の移動や修理」「話をするためだけの自宅訪問」「来客の応接」「正月や節句の行事のための特別な料理」「金銭・貴重品の管理」「患者さんの家族分の洗濯・調理・買い物・掃除」などです。

また、医療行為もできません。例えば「摘便」「床ずれの処置」「インスリンの注射」などです。

なお、「痰の吸引（口からのど手前までの口腔内、鼻からのど手前までの鼻腔内、気管カニューレ入口から気管カニューレ内部までの気管カニューレ）」や「経管栄養（胃ろう、腸ろう、経鼻経管栄養）」については、介護職員でも研修を修了していれば、行うことができます。

在宅医療で受けられるサービスについて

それでは、在宅医療を受ける場合、どのようなサービスを組み合わせればよいのか、見ていくことにします。まずは「医療保険」のサービスについてです。

別表（127ページ）にあげたのは「70代　女性　下咽頭がん末期　要介護2　医療保険1割

在宅で受けられるサービス

70代（女性）、下咽頭がん末期、要介護２、
医療保険１割負担（同居家族あり）、余命３か月のケース

医療保険

内 容		訪問スタッフ
訪問診察	月４回	医師１人・看護師１人
訪問看護	月８回	看護師１人
歯科訪問診察	月４回	歯科医１人・歯科衛生士１人
訪問リハビリ	月14回	言語聴覚士１人

介護保険

内 容		訪問スタッフ
訪問介護	月16回	ホームヘルパー１人
訪問入浴	月８回	看護師１人・介護スタッフ２人

負担（同居家族あり）」のケースです。余命は3か月で、病院を退院し、自宅で訪問医療を開始させた時期をイメージしています。

１０２ページで触れたように「末期がん」の場合、医師から「訪問看護指示書」が発行されます。医師1人と看護師1人による「訪問診察」を月4回、看護師1人による「訪問看護」を月8回にすれば、これで2・5日に1回、医療従事者が訪問することになります。

まだ自分で動ける状況ですので、このくらいの日数が妥当といえます。

訪問診療では、医師が病気の状態や体の変化について診察していきます。「ちゃんとご飯は食べられていますか」「日常生活で変わったことはありませんか」「痛みはありますか」といった口頭でのやりとりもあります。こうした質問を通じて、医師は「患者の変化の有無」を診ていくのです。診察した中で「痛み止めが足りない」ということが分かれば、痛み止めの量を増やしたり、種類を変えたりしていきます。

一方、訪問看護では、看護師から積極的に「体の状態はどうですか？」といった質問をしていきます。

こうした訪問診療と訪問看護のほか、歯科訪問診療を受けるケースもあります。年を重ねると、どうしても歯の状態は悪くなります。あまりに状態が悪いと、せっかくの家での食事なのに、自分で食べるのが苦痛になります。そこで歯科医や歯科衛生士によって、歯の状態の改善を図って

訪問診療

通院不可の患者さんの在宅に定期的に医師が訪問して診察・治療を行う。

訪問看護

在宅に看護師が訪問して、熱や血圧や呼吸や脈拍などの身体チェック・日常生活援助や医療処置や看護を行う。

歯科訪問診療

例えば入れ歯のかみ合わせが悪く、通院不可の患者さんの在宅に歯科医師が訪問して、歯科治療・口腔ケア指導を行う。

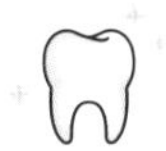

訪問リハビリ

例えば飲み込む力が弱いために訪問リハビリ訓練を取り入れるなど、在宅に言語聴覚士・作業療法士・理学療法士が訪問して日常生活の自立を助けるためにリハビリを行う。

訪問薬剤師

在宅に薬剤師が訪問して処方された薬の効果・副作用をみると共に内服している薬以外にサプリメント・健康食品を摂取していないかを把握して相互作用が出ないか体調管理する。

訪問栄養指導

在宅に管理栄養士が訪問して食事状況の把握や栄養指導を行う。

訪問介護

介護士もしくはホームヘルパーが在宅に訪問して患者の身体の介助(食事・排せつ・衣類着脱介助など)、もしくは患者の生活の援助(食事の用意・衣類洗濯・生活用品の買い物など)を行う。

訪問入浴

入浴希望はあるが、浴槽に入ることが難しい人や、1人で入浴が困難な患者の自宅に看護師1人と介護スタッフ2人が移動入浴車で向かい、入浴サービスを行う。

いくのです。また口臭を抑える効果もあります。

また「訪問リハビリ」も医療保険のサービスになります。訪問リハビリとは、リハビリ専門職が訪問し、日常生活の自立を目指したリハビリを行っていくというものです。専門職の種類はおもに3つあります。

1 言語聴覚士――発声や発語などの言葉の訓練や嚥下の機能訓練などを行う。食事を快適に行いたい場合に取り入れるとよい。

2 作業療法士――家事や手芸、工作といった日常生活における作業動作を通じて、心身の機能や社会適応力の維持と回復をはかる。

3 理学療法士――体操や運動、マッサージなどによって、日常生活に必要な基本動作を行う機能の維持と回復をはかる。

続いて、介護保険サービスについて、見ていきましょう。124ページで、介護保険サービスの種類を紹介しましたが、在宅医療の場合、ヘルパーによる訪問介護をメインに使っていくケースがほとんどになります。

訪問介護では、身体介護と生活援助のサービスを受けられます。患者や家族で話し合って、例えば「火曜日は、家族は昼間外出するので、昼食の用意をお願いしよう」「歩くことはできるけどトイレまではふらつかないか心配だから、歩行の見守りや場合によっては介助をお願いしよう」などと決めて、それらをホームヘルパーにフォローしてもらいます。

退院して間もないこともあり、患者が自分で行えることも多くあります。そのため「訪問介護」を月16回にしました。また、シミュレーションでは「訪問入浴」のサービスを月8回としました。まだ自分で入浴することも可能な状態であっても、浴槽で滑るといったリスクを回避するためです。

このように在宅医療は、医療保険の訪問診療と訪問看護を軸にしながら、場合によっては訪問リハビリを組み合わせていき、さらに訪問看護と訪問入浴といった介護保険サービスを活用していきます。

自宅をリフォームする

皆さんの自宅は段差をなくしたり、手すりがついていて、高齢者や介護が必要な人が安心して暮らせる環境が整っていますか。

例えば家を購入した時には、介護が必要な状態まで想定しておらず、おそらく「老後になっても安心な暮らしができる」といったことまでは考えていなかったと思います。

同様に、家の階段に手すりがついていないご家庭も多いのではないでしょうか。病院を退院し、自宅で過ごす時には、足の筋力が弱っている場合もありえます。もしも、手すりがついていなければ足を滑らせ、頭を打ったりする可能性もありえるのです。歩く状態に応じて必要な時は、リフォームを終えてから、家に戻るようにしましょう。

「もしかしたら、かなりの費用がかかるのではないかしら?」と思うかもしれませんが、要介護認定を受けていれば、1人1回20万円までの住宅改修費の最大9割(1割負担の場合)までを「介護保険金」として支給してもらえるのです。なお、介護保険金は、ほかの介護保険サービスの支給限度額には含まれません。

20万円の範囲内であれば、何回かにわけて利用することもできます。例えば、8万円の改修工事を1回した場合、次に12万円までの工事を行うことができるというわけです。

なお、20万円を使い切ってしまった場合でも、「要介護度が3段階以上、上がった場合」は、一回限りで、再度20万円まで利用することができるようになります。

要介護認定調査は1年に1回更新する必要があります。

例えば、最初の要介護認定で要介護1と認定された人が住宅改修費（20万円）を使った場合、次の要介護認定調査で、介護4と判断された場合、再び20万円までの住宅改修が最大9割まで支給してもらえるのです。

介護保険の住宅改修費の支給対象になる改修工事の項目は、厚生労働省によって6つに定められています。

1 手すりの取り付け——階段や廊下、玄関、トイレなどに手すりを取り付ける工事。手すりの形としては、二段式、横づけなどがある。

2 段差の解消——リビングや廊下、お風呂、トイレなどの段差を解消するための工事。スロープを設置したり、敷居を低くするといったものになる。

3 滑りの防止及び移動の円滑化等のための床または通路面の材料の変更——家に使われている滑りやすい床材を滑りにくい床材（板製床材やビニル床材など）に変える工事。

4 引き戸等への扉の取り替え——開き戸を引き戸や折戸、アコーディオンカーテンなどに変更する工事。ドアノブの変更も対象に含まれる。

5 洋式便器等への取り替え——和式トイレを洋式トイレに取り替える工事。

6 その他1～5に付帯して必要となる住宅改修——上に挙げた1～5の工事に伴って必

要となる改修費も支給対象となる。

福祉用具のレンタルや購入をする

介護保険サービスの中には「福祉用具貸与」という項目もあります。車椅子や特殊寝台など、日常生活の自立を助けるための福祉用具が借りられるサービスです。ただし、要支援や要介護1の人は対象外となります。ここで主なものを紹介します。

【福祉用具貸与】

1 車椅子――自走用標準型車椅子、普通型電動車椅子、または介助用標準型車椅子。

2 車椅子付属品――クッション、電動補助装置などがあって、車椅子と一体的に使用されるもの。

3 特殊寝台――サイドレールが取り付けてあるもの、または取り付けることが可能なものであって、「背部または脚部の傾斜角度が調整できる機能」「床板の高さが無段階に調整できる機能」のいずれかが付いているもの。

4 特殊寝台付属品——マットレス、サイドレールなどであって、特殊寝台と一体的に使用されるもの。

5 床ずれ防止用具——送風装置または空気圧調整装置を備えた空気マット、あるいは水などによって減圧による体圧分散効果をもつ全身用のマット。

6 体位変換器——空気パッドなどを体の下に挿入することにより、居宅要介護者等の体位を容易に変換できる機能のあるもの。なお体位の保持のみを目的とするものは含まない。

7 手すり——取り付けに際し工事が必要ないもの。

8 スロープ——段差解消のためのものであって、取り付けに際し工事が必要ないもの。

9 歩行器——歩行が困難な者の歩行機能を補う機能を持っていて、移動時に体重を支える構造のあるもの。次のいずれかに該当するものに限る。「車輪のある歩行器であれば、体の前及び左右を囲む把手などが付いているもの」「四脚の歩行器であれば、上肢で保持して移動させることが可能なもの」

10 歩行補助杖——松葉杖、カナディアン・クラッチ、ロフストランド・クラッチ、プラットホーム・クラッチ、多点杖。

11 認知症老人徘徊感知機器——認知症の方が徘徊し、屋外に出ようとした時や屋内のある地点を通過した時にセンサーが感知し家族・隣人等へ知らせる用具。

12 移動用リフト——床走行式・固定式または据置式であり身体を吊り上げ、または体重を支える構造を有する。自力で移動が困難な者の移動を補助する機能を有する。

13 自動排せつ処理装置——尿や便が自動的に吸引されるもの。また尿や便の経路となる部分を分割することが可能な構造を有する。

こうした福祉用具をレンタルする場合、悩みどころは「買うのとレンタルでは、どちらがお得か?」という点かもしれません。

例えば、車椅子のレンタルについては、要介護3の場合(1割負担)、1か月の自己負担額は400〜1800円前後です。他の物では電動ベッド800〜1300円前後、床ずれ防止用具100〜300円前後、手すり400〜600円前後となっています(地域により金額の差はあります)。

一方、車椅子の購入については、基本的なタイプで3〜15万円程度します。したがってレンタルの方がお得だといえます。

また、福祉用具の中で入浴・排せつに用いるものの貸与に心理的に抵抗を感じるものや再利用できないものは福祉用具の販売を行っています。それを次に紹介します。購入後、費用の9割（1割負担の場合）が介護保険から払い戻されます。1年で購入できるのは10万円までとなっています。限度額を超えたら全額自己負担になります。

【特定福祉用具販売】

1 腰掛け便座——介護で利用する便座。介護保険で購入できるものは以下になる。和式便器の上に置いて腰掛け式に変換するもの、洋式便器の上に置いて高さを補うもの、電動式またはスプリング式で、便座から立ち上がるときに補助できる機能があるもの、便座・バケツ等からなり、移動可能である便座。

2 自動排せつ処理装置の交換可能部品——便や尿を吸引する福祉用具。介護保険で購入できるものは、レシーバーやチューブやタンクなど尿や便の経路となるもの。

3 入浴補助用具——入浴時の体勢を保ったり、浴槽に出入りする時に必要な福祉用具。介護保険で購入できるものは、入浴用椅子、浴槽用手すり、浴槽内椅子、入浴台（浴槽の縁にかけて利用する台で浴槽への出入りのためのもの）、浴室内すのこ、浴槽内すのこ、入浴用介助ベルト。

4 簡易浴槽――浴室以外でも入浴ができる福祉用具。介護保険で購入できるものは、空気式または折り畳み式の浴槽で容易に持ち運びができ、取水、排水の工事を伴わないものが条件になる。

5 移動用リフトのつり具――リフトを使用する時、体を持ち上げる福祉用具。介護保険で購入できるものは、移動用リフトに連結可能なもの。

家族がすることを決めておく

自宅で過ごす場合、訪問診療と訪問看護、さらに介護保険サービスも利用していき、穏やかで、安心した生活を送ってもらいます。では、家族は、どのように関わればいいのでしょうか。

まず重要になってくるのは、患者さんに対する「精神的なケア」です。

ホームヘルパーや看護師、医師なども、患者さんに対して精神的なケアは行っていきますが、ご家族のフォローにはかないません。それだけに、本人が自宅で過ごすことを決断したら、家族は本人の意向や発言を尊重するようにしましょう。また、ゆったりと穏やかな時間を過ごせるようにお部屋の中を整えたりしてください。つまり、できる限り、傍にいてあげてほしいのです。

何かしなくていけないと無理に思わなくても大丈夫です。残された貴重な時間の中で、同じ場所、同じ時間を過ごすことはとても尊い時間なのです。また、今まで頑張ってきたことを労ったり、感謝の気持ちを述べると、気持ちは相手に伝わります。

なお医療行為は、家族が行うことはできません。しかし、医療行為だけがサポートできる内容ではありません。厚生労働省は「医療行為ではない」とされるものとして、以下のものをあげています。

1 水銀体温計・電子体温計による腋下の体温計測、耳式電子体温計による外耳道での体温測定
2 自動血圧測定器による血圧測定
3 パルスオキシメータの装着
4 軽微な切り傷、擦り傷、やけど等について専門的な判断や技術を必要としない処置（汚物で汚れたガーゼの交換を含む）
5 軟膏の塗布（床ずれの処置を除く）
6 湿布の貼付

7 点眼薬の実施
8 一包化された内用薬の内服（舌下錠の使用も含む）
9 坐薬挿入
10 鼻腔粘膜への薬剤噴霧の介助

できることを無理せずに、家族がサポートしてあげれば、本人は安心した日々を送ることができます。

自宅で過ごす選択をしても家に居られる時間は、もしかしたら、それほど多くはないかもしれないです。数か月あるいは、数週間、もしかしたら数日の場合もあります。

もしも、在宅医療が何年も続くのであれば、家族も疲弊してしまう可能性もありますが、実際は、後で振り返ってみたら「あの時の時間は、あっという間だったね」という感想を持つケースが多いのです。

それだけにご家族の方は、医療、介護チームと連携しあい、悔いのない最期を迎えられるようフォローをしてほしいのです。

在宅医療でかかる費用は、病院で最期を迎える費用よりも安い

本書を読んで「在宅医療を選びたいけど、費用がかなりかかるんでしょ?」と思っている人も多いはずです。

ここで、どのくらいかかるのか、チェックしていきましょう。「余命3か月の70代女性　下咽頭がん末期　要介護2　医療保険1割負担（同居家族あり）」のケースでみていきます（143ページの表参照）。

訪問診療では、往診時の対応、処置、指導、薬代などの費用がかかってきます。医療費や薬代は、通院時や入院時と同様に、医療保険が適用されます。負担割合は、75歳以上は1割、70〜74歳は2割、70歳未満は3割となります。70歳以上でも、現役並みの所得者は3割負担になります。

なお、ひと月の負担額が一定額を超えた場合は「高額療養費制度」を使うことができます。70歳以上（年収156万〜約370万円）の場合で、5万7600円、外来で1万8000円（同一月内）を超えて、支払う必要のない制度です。

自宅で訪問診療を受ける場合は「外来」扱いになります。つまり自己負担額が1万8000円を超えることはありません。

今回のシミュレーションでは、訪問診療と訪問看護、歯科訪問診療、訪問リハビリで、月に約19万円かかっています。しかし、1割負担のため実際に支払うのは1万8000円なのです。

一方、介護保険サービスは、訪問介護（月16回）と訪問入浴（月8回）で、金額は7万2680円となりますが、この女性は1割負担のため、実際に支払う額は7260円となります（10割負担額の10円単位をカットしてから、1割負担額を算出）。

つまり、医療保険と介護保険を使って、月の自己負担額は2万8060円程度になります。

高額療養費制度の対象になりそうな場合、70歳未満であれば、事前に役所などで「限度額適用認定証」を取得し、治療を受ける病院に提出しましょう。

未提出の場合、まずは医療費全額を支払い、数か月後に払い戻しを受ける形になります。

なお、70歳以上の住民税課税世帯であれば、限度額適用認定証を入手しなくても、健康保険証と高齢受給者証を一緒に提示するだけで大丈夫です。

50ページで、病院に入院した場合の1か月にかかる費用を紹介しましたが、その自己負担額は月約26万円になります。一方、在宅医療を選んだ場合、その額は月2万8060円程度です。

なぜ在宅で過ごす場合、これほどまでに安いのでしょうか。

1

在宅医療の自己負担はどれくらいか

70代（女性）、下咽頭がん末期、要介護２、
医療保険1割負担（同居家族あり）、余命３か月のケース

医療保険

内容	訪問スタッフ	料金（自己負担額）
訪問診察（月４回） 往診（休日深夜１回）	医師１人 看護師１人	6万858円
訪問看護（月８回）	看護師１人	5万9450円
歯科訪問診察（月２回）	歯科医１人 歯科衛生士１人	2万5900円
訪問リハビリ（月14回）	言語聴覚士１人	4万2200円

※1　1割負担の人の医療費負担は最大18000円

小計[※1]　**1万8000円**

介護保険

内容	訪問スタッフ	料金（自己負担額）
訪問介護（月16回）	ホームヘルパー1人	6万2680円
訪問入浴（月８回）	看護師1人・ 介護スタッフ2人	1万円

※2　介護保険が1割負担のケース

小計[※2]　**7260円**

実費

交通費	2800円

小計　**2800円**

自己負担額　合計 2万8060円

大きな要因の1つは、医療保険の高額療養費制度の仕組みにあります。ポイントは、訪問診療は「外来」扱いになるという点です。入院に比べて、約4万円も安くなるのです。

もう1つの要因は、介護保険サービスが使えるという点です。病院に入院していると、介護保険サービスを使うことはできません。

一方、在宅医療の場合は、自己負担額1割（夫婦の年金額が年346万円未満の場合）で、介護保険サービスを使うことができるのです。そのため、介護にかかる費用を抑えることができるのです。

入院した場合、高額療養費制度を利用するとどうなるでしょう。例えば、健康保険の負担が1割負担の方の場合、月5万7600円以上の自己負担はありませんが、実際には、抗がん剤などは高いものだと100万円以上の費用がかかるものもあります。患者自身の窓口での負担がなくても、最終的にこれらを負担しているのは、私たちの税金なのです。

今後、少子高齢化社会が進めば、医療にかかる費用は莫大なものになっていきます。

そこで国は、在宅医療の推進を図っているのです。そのため、最期を自宅で過ごす場合にかかる費用は低くなるように設計されているのです。

こうしてみると、在宅医療というのは今の日本にあった制度ともいえるのです。

民間の医療保険に加入する

医療情報サイト「ＱＬｉｆｅ（キューライフ）」が、在宅医療を受ける患者の家族５００人を対象に「在宅医療に関する費用負担」について調査（２０１５年）したところ、約76パーセントが「負担に感じている」と回答しています。

在宅医療は、病院で最期を過ごすよりも費用はかかりませんが、それでも多少の費用がかかる点は否めません。そこで視野に入れておきたいのが、民間の医療保険への加入です。

一般的な医療保険は、入院と通院だけが保障対象になるため、在宅医療は対象外になります。もし現状で民間の医療保険に加入している場合は、その保障が在宅医療にまで及んでいるのか確認してみてください。

もし在宅医療の保障は対象外となる場合、民間の医療保険の特約で、在宅医療の保障があるものに変更できるかなど確認してみてください。

じつは、ここ数年で、一部の医療保険において、在宅医療の費用まで保障を広げる特約が増えてきているのです。

例えば、「退院後通院治療保障特約」という特約があります。これは、保険の種類により、退院後にかかる費用の一部を負担してくれる制度です。通院する方を対象とされていますが、通院するのが困難な状態の在宅医療を受ける方も、もちろん対象となっております。

在宅医療にまで保障が及んでいる民間の医療保険に加入しておけば、さらに費用面の負担は軽減できるので、検討してみてください。

すべての準備を終えたら自宅に戻る

入院している患者さんの場合、訪問診療を受ける病院や訪問看護事業所の決定、ケアマネジャー、さらには介護保険サービスを利用するための要介護認定の申請などは、早めに行い、すべて病院に入院している段階で行うようにします。

ただし、終末期の患者さんには時間がありません。申請した日から退院予定日まで数日と短い場合、介護認定はおりなくても、暫定の介護度で介護保険サービスは利用できます。

さらに手すりの設置など、住宅のリフォームが必要な場合や、マットレスなどの福祉用具のレンタルなども、自宅に戻る前に完了させておきましょう。

ここでも介護認定が間に合わなくても、暫定の介護度で必要なものが借りられます。分からないことがあれば、ケアマネジャーが既にいるならその方に相談してみてください。

入院中で、かつ介護申請中でケアマネジャーが決まっていないなら、ソーシャルワーカーに相談するとよいでしょう。

病院を退院するのは、訪問診療の詳細が決まり、利用する介護保険サービスについても「○月○日からスタート」という段取りがついた時、となります。

「退院するといった以上、早く出ていかないといけない」と焦る人もいるのですが、慌てないで大丈夫です。病院側は準備が整うまで、待ってくれます。

第4章

自宅に帰ったあとの日々
自由で幸せな時間が過ごせる

在宅医療の1日

病院を退院し、いよいよ在宅医療が始まると、患者さんはどのような1日を過ごすのでしょうか。家に戻って間もない時期で、自分で立って歩ける70歳、男性の佐藤さん（仮名・鼻腔がんの末期）の1日を見ていきましょう。

身近で支える人は、一緒に住んでいる奥さんです。

佐藤さんの1日は朝6時の起床から始まります。入院中は、看護師のかけ声で目を覚ましていたのですが、自宅では奥さんが「おはよう」と声をかけてくれます。

目を覚まし、着替えをして歯みがきを済ませたら、庭に出て日光浴をします。自然の空気に触れられるのは、とても気持ちのよいものです。

その後、奥さん特製の朝ごはんを一緒に食べます。この日の献立は、おかずが鮭の塩焼き。そして玄米と納豆とお味噌汁です。

食後、趣味の園芸を、休みを入れながら自分のペースで楽しみます。そうしていると10時半に、家のチャイムが鳴ります。

今日は、看護師が訪問する日です。看護師は、佐藤さんの体温を測ったり、血圧のチェックを行って身体の状態をみていきます。

また、1週間前から飲み始めた痛み止めの効果と、副作用の出現がないかをみていきます。同時に薬が正しく飲めているかも確認していきます。佐藤さんは薬ケースに入れて、1日3回正しく薬を飲めていました。

さらに会話をしながら、病気のことや日常生活も含めて、困ったことがないかを確認していきます。1時間弱の訪問看護が終わると、ここで奥さんはパートに出かけます。

11時過ぎ、ホームヘルパーがやってきます。

今日は、昼食の準備とベッドのシーツ交換、そしてシーツの洗濯をして、庭に干してくれます。昼食は佐藤さんが食べやすいように、ホームヘルパーが材料を小さめに切って、柔らかく煮て作った、肉じゃがです。佐藤さんにとっては、ホームヘルパーとの何気ない会話も楽しみの1つです。

訪問介護が終わると、音楽を聴いたり、新聞でニュースを読んだりと、のんびりとした時間を過ごします。

15時になると、1人の看護師と2人の介護スタッフ、合わせて3人の訪問入浴スタッフが自宅を訪問します。佐藤さんの家の浴槽は深く、だんだん足をまたぐことが難しくなってきているのです。

実は病院に入院中、佐藤さんから「退院して家に帰ったら、お風呂に入りたい」という希望があり、ケアマネジャーに相談したところ、訪問入浴の提案をされたのです。そこで訪問入浴サービスが始まった、というわけです。

訪問入浴では、爪を切ってもらうこともできます。自分で爪を切るのが難しい佐藤さんは、手と足の爪を切ってもらうことにしました。入浴後なので、爪も柔らかくなっていて、とても切りやすいのです。

訪問入浴を終えると、奥さんの帰宅を待ちながら、少し仮眠します。目を覚ます頃には、台所からいい匂いが漂ってきます。

そして18時頃、家族を囲んで夕食になります。今日は息子さんと娘さんが久々に遊びにきていました。そして佐藤さんは晩酌をします。

好きな日本酒を呑みながら、つまみのもつ煮やアジのたたきに舌鼓を打ちます。まさに至福の時です。家族と話をして、ひとときの家族団らんの時間を過ごし、21時頃に就寝します。

病院では、消灯時間になると、病室全体の電気は強制的に消されますが、自宅ではそんなことはなく、眠くなった時点で、自分で電気を消すことができます。そんな些細なことにも自由を感じ、幸せなまま床に就くことができるのです。

在宅医療を受ける利用者のある1日

6:00
洗面・更衣
7:00
日光浴
8:00
家族と朝食
9:00
園芸
10:00
訪問看護（身体状態確認・薬の管理確認）
11:00
訪問介護（調理・洗濯）・昼食
12:00
13:00
新聞を読む・音楽を聴く
14:00
15:00
訪問入浴・爪切り
16:00
仮眠
17:00
18:00
家族と夕食
19:00
団欒
20:00
寝支度
21:00
22:00
23:00
24:00
1:00
睡眠
2:00
3:00
4:00
5:00
6:00

いかがでしょうか。

自宅であれば、入院中よりも、自由で気ままに好きなことをして、好きなものを食べて、お酒も呑めます。また大切な家族と一緒の時間を過ごせます。また、1日を穏やかに暮らしつつ、その合間に訪問看護や訪問介護のフォローを受けられるのです。病院で過ごすよりもずっと快適だと思いませんか。

自分でできることは自分でやる

病院での入院生活が長くなると、日常生活のことや身の回りのこと、薬の管理も含めて、看護師や医療従事者に依存する傾向の患者さんがいます。

仮に患者さん自身ができないことでも周囲に手伝ってくれる人がいるため、だんだんと「何かあれば頼めばいいや」と思うようになる方もいます。

そのうちに、これまでできていたことが、本当にできなくなってしまいます。そして、「自分は何もできなくなってしまった」「でも頼めばいいや」と、思ってしまうようになります。

例えば、自分自身でトイレに行けて、ズボンや下着の着脱ができるはずの患者さんからナースコールがあったとします。「トイレに行きたいけど、自分でズボンがおろせないのでやってほしい」と依頼します。

この時、経験年数の少ない看護師の場合、「確か、自分でできる人だったと思うけど……でも患者さんから依頼があったから手伝おう」と考え、親切心や思いやりから「分かりました。お手伝いします」と患者さんに返答して、下着やズボンの着脱の介助をしようとするケースがあります。

その結果、患者さんはトイレに行く際、「介助してもらったほうが楽だし、これからも頼もうかな」と、毎回、ナースコールを呼ぶようになるのです。

このような、「自分では何もしなくてもよい」という状態で退院させてしまうと、患者さんは、訪問看護師やホームヘルパーへの依存が強くなります。

しかし、これが経験豊富な看護師であれば、対応が変わってきます。

患者さんが本来自分でできることを知っていて、依存傾向なのも知っています。さらに退院日が近づき、家に帰れるように、自立を促すことが必要だと考えています。

そのため、「○○さん、退院も近いですし、家に帰ってから困らないように、ご自身ですべてやってみましょう。大丈夫です。○○さんならできます。私が傍についていますので、もし介助が本当に必要な時は、すぐにお手伝いしますよ」と、このような声かけができるのです。

ぜひ、自宅に帰ったら、患者さんは、身の回りのことや日常生活はできる限り、ご自身の力でやるようにしてください。

一つずつ自分自身でやれることが増えていくと、それが大きな自信につながっていきます。「自分は生きているんだ」という気持ちを持つことができます。

最期まで自尊心を持ち続けることは、とても大事だと私は思います。末期がんであっても、自分はここまでできるんだと思えれば、前向きに生きていけるからです。

ただし、全部を自分でやろうと思わなくて大丈夫です。

例えば、お風呂に入り、手が届かなくて洗えない背中だけ、家族の方が介助するのです。全部洗おうとしなくて大丈夫です。また、お風呂に入ろうと思っても、浴槽の段差があったり、滑りやすかったりすれば、訪問入浴などのサービスを利用してもよいのです。

自分でできることはする。でも、自分で行ったら危険なことは助けを求める――「自立」と「依頼」のバランスをとって、無理をしないことが大事です。

家族は全部を自分でやろうとはせずに、周囲の力を借りる

家族にとって末期がん患者さんの「できる」「できない」の見極めは難しいといえるでしょう。前章でもあげたように、看護師の経験によっても介助方法が異なる場合があるからです。

そのため、家族の方は「どこまでサポートの力を借りていいのかしら」「またどこまで自分たちでやればよいのかしら」「全部やってあげてはいけないのかしら」と疑問に思うかもしれません。

もし迷ったら、退院前に経験豊富な病棟看護師にどこまで介助したらいいのか、どこは手伝わない方がいいのか聞いてみましょう。情報を共有しているため、退院後であれば、訪問看護師に質問しても大丈夫です。

そこで得た情報を元に、家族の方はご本人の「できることは促し」「できないことのみサポートをする」ようにしてください。

また、在宅医療を選択すると、家族は「頑張って何もかも自分たちでサポートしよう」と思いがちになります。

それは、末期がん患者さんの場合、在宅医療の期間は数か月と短い場合が多いので、家族は「短い期間なんだから」と、気負ってしまう傾向にあるのです。

しかしながら、経済的にも体力的にも精神的にも余裕があって、家に戻ってきた患者さんの介護を完璧に行えるという家庭は、実際そう多くはありません。

多くは「老々介護」であったり、日中は仕事に行かないといけない「働きながらの介護」であるからです。それだけに「何もかもやろう」「完璧にサポートしよう」とは思わないでください。それでは必ず疲れてしまいます。

全部を家族だけでやろうとすると、余裕がなくなり、家族から笑顔が消えてしまう可能性が高くなります。そうすると患者さんも「家族に無理をさせている」という罪悪感を抱くことになってしまいます。

末期がん患者さんにとって、傍にいてくれる家族の笑顔は欠かせません。

家族の笑顔や笑い声が絶えなければ、サポートを受ける患者さんも、自然と笑顔になるものなのです。サポートをする上で、完璧を目指さなくてもよいのです。

家族がサポートを「完璧にやった」と思ったことでも、本人にとっては「良いものではなかった」「やってもらいたいことが違っていた」ということもありえます。

しかし、落ち込まなくても大丈夫です。

同じ人間ではないので、思うことが違って当たり前なのです。完璧な子育てや完璧な教育がないように完璧な在宅医療も、またないのです。ここが人をサポートする難しさだと思います。

だからこそ「完璧」ではなく、「心地良さ」を目指して、「相手がしてほしいこと」で「自分自身ができる最良のこと」をやれば大丈夫なのです。家族の方は、訪問看護や訪問介護をうまく使いながら、自分自身の生活を犠牲にしないサポートを目指してください。

自宅では食べものの制限はない

朝日新聞のＲｅライフページの調査（２０１７年10月８日）によると、「あなたが人生の最後に味わいたいものはなんですか？」という問いに対して、上位４位は「白米」「おすし」「おにぎり」「お味噌汁」となっています。皆さんの「最期の晩餐」は何でしょうか？

病院では、まず、おすしを食べることはできません。生ものは、食中毒の問題もあり提供ができないのです。

場合によっては、人生の最後の食事は、点滴や胃ろうからの経管栄養といったこともありえます。たとえ、病院でお味噌汁が出たとしても、病院食ですから、カロリー計算された薄味の場合もありえます。

一方、在宅医療であれば、何の制限もなく、好きなものを食べることができます。白米にしても、お味噌汁にしても、家族が作ったものが食べられるのです。長年親しんだ味を堪能できるわけです。おすしだって、出前でとれます。

私が関わった末期がんの女性の患者さんは、スイーツが大好きでした。もちろん、末期がんということもあり、ケーキをペロリと完食することはできませんでしたが、美味しそうに一口二口を口に運んだそうです。これこそが在宅医療の醍醐味です。

お酒やたばこなどの嗜好品も解禁です。もう治療はしていないのですから、ビールやお酒、焼酎などを呑んでもかまわないのです。たばこも解禁です。

なお、死期が近づいてくると、食べたい意思はあるけれど、飲み込むことが難しいということも起こってきます。特に、喉頭がんなど、のどの病気だとその傾向が強くなります。

その場合は、医療保険のサービスである訪問リハビリの言語聴覚士による嚥下機能訓練を取り入れるのもよいでしょう。

また、家族が食事を作る時、食材を細かく切ったり、柔らかく煮込んだりして、飲み込みやすく工夫するのも大切です。他にはとろみ剤を使うのも、1つの方法になります。水分は意外とむせやすいため、飲み物やスープのような液体に、とろみ剤を入れることで半固形状（プリンやゼリー状）になり、口に入れた時、飲み込みやすく、むせづらいのです。

飲み物に直接、とろみ剤を入れてゆっくりかき回すだけなので、家族でも簡単に使えます。

睡眠サイクルが不規則でも心配しない

末期がんの患者さんによく起こりがちなのが、睡眠が不規則になるケースです。病院で、患者さんの部屋を見回りにいくと、夜になっても眠れていない方が多く見受けられます。これは、在宅医療であっても同様のことが起こります。

特に多いのが、昼間に寝て、夜に起きてしまうパターンです。昼間の眠りは浅くなりがちなので、何とか夜に寝ようとするけれど、どうしても眠れないのです。こういう時は、無理をしないことが大切です。確かに、人は夜寝て、朝起きるというのが基本です。しかし、最期を自宅で過ごすと決めたのなら、そうした「常識」にしばられなくても大丈夫です。

眠れないストレスはありますが、「まぁ、眠れないんだったら、起きていればいいや。寝られるときに寝よう」といった具合に、気持ちを切り替えてください。どうしても辛い時は、在宅医に相談にしたら、眠り薬を出してくれます。他には訪問看護師に相談したら医師に薬を出すように伝えてくれます。

また、だんだんと死期が近づいてくると、睡眠サイクルは変化します。体の機能は落ちていくため、1日の大半を寝て過ごすようになります。そして、そのまま眠るように亡くなるケースもあるのです。

医療保険や介護保険のサービスの変更は自由自在

143ページで「70代　余命3か月程度の女性　下咽頭がん末期　要介護2　医療保険1割負担（同居家族あり）」のケースでの1か月のシミュレーションを紹介しました。

退院当初は、余命3か月で、自分で行動できる状態と仮定したため、歯科訪問診療や訪問リハビリといった医療保険のサービス、訪問入浴などの介護保険のサービスなどを利用していましたが、その後、末期がんが進行し、寝たきりになってくると、こうしたサービスをそのまま継続するのは難しくなります。では、サービスの変更はどのように行っていけばいいのでしょうか。

まず、体調が悪い時など、「その日の訪問入浴は中止したいです」と、ケアマネジャーに電話をして、その旨を伝えればよいのです。介護保険サービスの提供者側は、患者さんの容態が変わることは理解しているので、サービス開始直前の連絡であっても、何ら問題はありません。

サービス全体の見直しは、訪問診療の医師やケアマネジャーに相談しながら決めていきます（164ページに載せた表は、冒頭の患者さんの余命1か月になった時のシミュレーションです）。まず、歯科訪問診療と訪問リハビリ、訪問入浴のサービスがなくなっています。余命1か月で、ほとんどの時間をベッドで過ごしているため、これらのサービスは不要と判断したのです。

逆に、訪問診療の回数は月4回から月8回に、訪問看護の回数も月8回から月16回に増えています。介護保険サービスの訪問介護の回数も月16回から月20回に増えています。予断を許さない状況になりつつあるので、訪問看護師やホームヘルパーが訪問する回数を増やしました。

患者さんの容態について、家族が適切な判断をくだすことは難しいでしょう。しかし、看護師の訪問回数が増えると、今どんなことをすればよいのか判断できるようになるため、家族もご本

2

在宅医療の自己負担はどれくらいか

70代（女性）、下咽頭がん末期、要介護２、
医療保険1割負担（同居家族あり）、余命１か月のケース

143ページの表では、「70代　余命３か月程度の女性　下咽頭がん末期　要介護2　医療保険1割負担（同居家族あり）」のケースでの１か月シミュレーションを紹介しました。ここでは末期がんが進行したケースをシミュレーションします。余命３か月と１か月では、サービスがどのように変わっていくか、自己負担はどれぐらいになるかなどに注目してください。

医療保険

内容	訪問スタッフ	料金（自己負担額）
訪問診療（月８回） 往診（休日深夜１回）	医師１人 看護師１人	7万8100円
訪問看護（月16回） 緊急訪問＋深夜訪問看護（月２回）	看護師１人	13万2430円

※1　1割負担の人の医療費負担は最大1万8000円

小計※1　**1万8000円**

介護保険

内容	訪問スタッフ	料金（自己負担額）
訪問介護（月20回） 往診（休日深夜１回）	介護スタッフ１人	9万2000円

※2　介護保険が1割負担のケース

小計※2　**9200円**

実費

交通費	4500円
死亡診断書	2万円

小計　**2万4500円**

自己負担額　合計 5万1700円

※訪問歯科・訪問入浴・訪問リハビリは状態変化のため中止。
※訪問診察以外で、医師の訪問を求めることを「往診」という。
　この場合、医師に交通費を支払う必要が生じる。

人も安心できると思います。

このように「その時の患者さんの状態」を第一に考え、サービス内容を変えていきます。この見直しは、随時行っていくことになります。末期がん患者さんの容態は、日に日に変わっていきます。

「少し前に変えたけどまたサービス内容を変えてもよいのだろうか……」などと躊躇する必要はまったくありません。また余命1か月になると、末期がん患者さんの容態によっては緊急的に医師を呼ばなければいけないケースも出てくるかもしれませんが、その場合も躊躇する必要はありません。

子どもに知らせておくべきことをメモに残しておく

在宅医療は、家族の支えがあるからこそ、成り立ちます。それだけに今から考えておいてほしいのは、自分が亡くなったあと、できる限り家族への負担がないように最善の準備をしておくのです。

兄弟や姉妹、実の子どもや配偶者であっても、あなたの資産や財産のすべては把握していないものです。例えば、ネット証券のオンライン口座を使って、投資信託を購入している方は、そのことを誰かに伝えていますか？　暗証番号を知らせていますか？

あなたが亡くなったら、その投資信託の存在に、誰が気づくのでしょうか。

あなたが亡くなっても、遺された家族が「我が家の遺産はどこにあるのだろう？」と部屋中を探し回るような事態を避けるために、今のうちに、その情報をメモに残しておきましょう。

資産や財産だけではありません。

あなたが加入している生命保険（死亡保険・医療保険）についても把握していますか？

今、書店では「エンディングノート」と呼ばれる書き込み式の手帳が販売されています。1冊買っておけば、いろいろなことが書き込めるようになっています。

もし、何を書き残しておけばいいのか分からないのであれば、1冊購入し、今のうちに書いておくことをお勧めします。

第5章

旅立つ準備について
最期の兆候を知り
悔いのない看取りを

最期が近づくと訪れる体の変化

末期がん患者さんは死期が近づいてくると、今までできていたことが、できなくなっていきます。もちろん個人差もありますが、皆さんに知っておいてほしいのは、死に向かう時、人間の体は刻々と変化していくということです。１７０～１７２ページに亡くなる患者さんに起こる心身の変化について、具体的な内容をまとめました。

例えば、呼吸については「亡くなる数か月～１か月前」は、浅めの呼吸ですが、「亡くなる数週間前～数日前」になると呼吸がさらに浅くなり、呼吸回数も不規則になっていきます。

そして「亡くなる数日～数時間前」になると、唾液や痰がたまり、ごろごろという音がするようになります。また肺の動きが悪くなり、首が動くような呼吸（下顎呼吸）をするようにもなります。

排便についても見ていきましょう。「亡くなる数か月～１か月前」は、便秘もしくは下痢傾向にありますが、「亡くなる数週間前～数日前」は、食事を摂取していないため、ほとんど出ない状態になります。

そして「亡くなる数日～数時間前」になると、肛門が弛緩してたまっている便が排せつされるようになります。

こうした体の変調が、呼吸、排便、排尿、食事摂取、睡眠、活動、会話など、あらゆる部分で、しかも同時進行で起こっていきます。

身近な家族の死に向かう体の変化ですから、気持ちが動じてしまうのは、致し方のないことです。しかしながら、この体の移り変わりを知らないでいると、へたをするとパニックになってしまうこともありえます。

ある程度、起こり得る体の変化に対する理解を深めておけば、「今はこの状態なんだ。まだ医師を呼ばないで大丈夫」といった具合に、冷静に対応できるようになります。

前述の例でいえば、排便がほとんどなくても「食べてないんだから仕方がない」と思えるようになるのです。

さらに、肛門が弛緩して排せつが始まれば「いよいよかな」と、在宅医に連絡を入れる判断をすることができます。

死が近づくなかで起こる体の変化について知っておくことは、とても大切なことなのです。

最期が迫ったときに生じる心身の変化

末期がん患者さんの死期が近づいてくると、今までできていたことが、できなくなっていきます。皆さんに知っておいてほしいのは、死に向かう時、人間の体は刻々と変化していくということです。亡くなる患者さんに起こる心身の変化について知っておくことで、悔いのない看取りを実現してください。個人差があるため、表の期間を前後して、症状が出現することもあります。一つ一つの変化ではなく、全体的な体の変化をみて、今どの状態にいるのか、参考にしてください。

亡くなる数か月～1か月前	亡くなる数週間前～数日前	亡くなる数日～数時間前

排尿

亡くなる数か月～1か月前	亡くなる数週間前～数日前	亡くなる数日～数時間前
変化なし。	**徐々に尿量が減少し、色が濃くなる。** 体が余分な水分を摂取しなくなるため全体的に脱水傾向になるため。オムツに変えて数時間に１回取り換える。	**ほぼ出なくなる。** 余分な水分摂取がないため排尿はほぼない。汚染時にのみオムツを変える。

排便

亡くなる数か月～1か月前	亡くなる数週間前～数日前	亡くなる数日～数時間前
便秘もしくは下痢傾向。 薬を使用したり、水分量を調整してみる。	**食事摂取していないためほとんど出ない。** 汚染時のみオムツを変える。	**肛門が弛緩してたまっている便が排せつされる。** 汚染時のみオムツを変える。

食事

亡くなる数か月～1か月前	亡くなる数週間前～数日前	亡くなる数日～数時間前
固形物や水分はむせやすい。徐々に食欲は減少し水分・食事量は減少する。 体が栄養を必要としなくなる。食べる量や食べる内容にはこだわらず、本人が望む物を摂取できればよい。食べることを強要しない。食事介助は適宜実施。	**だんだん食べられなくなる。** 食べられない時は無理に食べさせない。	**食欲が低下し、ほとんど食事がとれない。** 食べさせなくてもよい。

睡眠

痛みを訴えたり、せん妄になったりして、熟睡できなかったりする。また徐々に眠る時間が多くなったりする。

痛みやせん妄に関しては薬を使用してコントロールする。温度や寝具・寝衣を変えてみる。長い睡眠に関しては体が休もうとしている。寝られるときに眠ってもらう。床ずれができないようにクッションを骨の出ている所にいれて予防に努める。

目がほとんど開かなくなる

亡くなる準備に入っているため。

ほとんど寝ている。目は閉じていても、耳は聞こえている場合もある。

無理に体を揺さぶって起こさないようにする。

活動

活動量が減少。徐々に歩行が難しくなる。

体が休もうとしている。トイレやお風呂や更衣が難しくなるため無理にさせなくてよい。

自分では動けなくなる、あるいは身の置きどころがなくなる。

亡くなる準備に入っているため。

ほぼ動けない。

会話

つじつまが合わなくなり、徐々に難しくなる。

意識があるうちに必要なことは会話しておく。

困難になる。

聴力は保たれているため、こちらの会話は聞こえている場合もある。

ほぼできない。

話せないが、こちらが話しかけると表情が変わることもある。

意識

はっきりしている。人により不明瞭な場合もある。

無理せず可能な時に意思疎通をはかる。

意識が朦朧とするか混濁する。

落ち着くまで傍にいたり、やさしく話しかける。

話しかけてもほとんど反応しない。

傍で見守っている。

亡くなる数か月～1か月前	亡くなる数週間前～数日前	亡くなる数日～数時間前

呼吸

変化なし。	**徐々に呼吸が浅くなり、呼吸回数が不規則になる。** 生命維持の必要がなくなり、徐々に呼吸が浅くなる。	**唾液や痰がたまり、ごろごろという音がする。肺の動きが悪くなり、首が動くような呼吸（下顎呼吸）をする。** 吸引など無理にしない。

血圧

変化なし。	**血圧が低下していく。** 血流が低下している。	徐々に測定できなくなる。

脈拍

変化なし。	**速くなったり遅くなったりする。** 心臓の働きが徐々におちてくる。	徐々にふれにくくなる。

体温

発熱と平熱を繰り返す。 体温調整が難しくなる。衣類や掛物、電気毛布あるいは氷枕で調整する。	**体温がやや低下していく** 活動量の減少により体のエネルギーが必要なくなるため。	手足が冷たくなる。

瞳孔

変化なし。	変化なし。	**徐々に散大する。** 瞳孔を閉じる筋肉が弛緩してくる。

爪

徐々に青紫色になる。 貧血になるために指先まで血流が行きづらくなる。	青紫色になる。	青白くなる。

□□

床ずれを防止する

死が近づき、寝たきりの状態が続くと、患者は「床ずれ」を患う危険性が出てきます。

特に、床ずれができやすいのは、骨が突出していてベッドやマット、布団などで圧迫されやすいところです。

床ずれの症状は、初期の段階では、皮膚の赤みや水ぶくれのようなものが見られるようになります。ここで何の対策も講じないと、皮膚がめくれたり、体液がにじみ出たりしてきます。さらに放っておくと、皮膚が黒ずみ、傷口がさらに深くなり、皮膚が死んだ状態になります。床ずれというと「皮膚のケガ」と軽く捉えがちですが、当事者にとっては、苦痛を伴う辛い病気なのです。

床ずれの防止は、家族のサポートが何よりも大切になってきます。

サポートの基本はこまめに体位を変えることです。5～6時間だと間隔があき過ぎるため文献では2時間ごとが良いとされますが、数時間に一度、体位を変えれば許容範囲でしょう。医療・介護用の体圧分散マットレスを使用している場合、自動で体圧を分散してくれます。こまめに体の向きを変えなくても大丈夫です。

ただ、着ているパジャマなどにシワが入らない配慮もしてください。シワがあると、床ずれの原因になります。

また、汗や尿、便などで皮膚が汚れたり、ふやけたりしていると、床ずれはできやすくなるので、患部を清潔に保つことも大切になります。

そのほかの家族のフォロー

あまり知られてはいませんが、末期がんになると、体から出血が見られることもあります。がんの治療を行わない選択をすると、当然、がんは成長し続けます。その人が亡くなるまで、成長し続けるのががんなのです。

がんによる出血は、本人も、その家族もパニックになりがちです。しかし、治療をしない選択をした以上、起こり得ることと、その事実を受け入れることが大切になります。

がんによる出血は、じわじわと出てくるので、ティッシュなどではなく、タオルなどで吸収するようにします。

そして、看護師に連絡を入れて、対処法を確認し、場合によっては来てもらい必要な処置を施してもらってください。

また、においに関する取り組みも、家族の役割になります。

特に、顔周囲のがんは内臓にできるがんとは違い、進行すると患部がむき出しになってしまうので、強烈なにおいを発することがあります。

看護師である私も「がん特有のにおいに慣れない」こともあります。あまり褒められたことではないと重々承知しています。しかし、ここであえて述べたのは、ご家族の皆さんに、罪悪感を抱いてほしくないからです。

患者さんが自宅に戻って療養する中で、ご家族が「においに耐えられない」と思うのは、かなりの後ろめたさを感じるものです。

しかし、看護師である私でさえ慣れることができないのです。ですから、仕方のないことなのです。後ろめたさを感じる必要は、まったくありません。

じつは、患者さんご自身も、においを気にされています。それだけに、家族がにおい対策を行うことはとても大切です。

まず、定期的な空気の入れ替えをしていきましょう。新鮮な空気を吸うことで、患者さんの気持ちのリラックスにもつながります。

また可能なら空気清浄機も設置してください。最近では、性能の良いものも多く出ています。空気清浄機をつけることで、においはかなり軽減できます。

末期がん患者さんは、食事の摂取量が減るため、唾液の分泌量が少なくなるために、口臭も生じやすいです。それだけに、口のケアも大切になってきます。

このケアはスポンジブラシを使うとよいでしょう。スポンジブラシとは、先端がスポンジでできている棒状のブラシのことです。これを使って、歯、歯ぐき、口蓋、舌の汚れを取っていきます。また、スポンジブラシを使用することで、口の中が刺激され、唾液が出るようになります。口の中には、３００種類以上の細菌がいますが、唾液には、これらの細菌を排除する作用があるのです。唾液によって、口臭は軽減されていきます。

においという意味では　体をきれいに保つことも大切です。

訪問入浴でお風呂に入ることも難しく、全身を拭くことも難しければ、においが発生しやすい部位――手と足、脇などを中心にきれいにしていきましょう。また、頭は流さないタイプのドライシャンプーなどを、利用してみてもよいでしょう。

手は、ギュッと握ったままになっていることが多いので、そこに汗や垢がたまりがちです。そっと手を広げて、濡れたタオルなどで、やさしく拭いてあげましょう。

足は、洗面器につけるだけでも変わります。

こうしたケアは家族だけではなく、ホームヘルパーにもお願いすれば行ってくれます。

痰の吸引は無理をしない

末期がんで寝たきりの状態になると、痰が絡むケースも多くなってきます。この場合、吸引器を使って、痰を体外に出していきます。訪問看護によって吸引をしてもらうことが多いと思いますが、もし看護師が不在の時は、どうしたらいいのでしょうか。

別の方法として、ホームヘルパーにお願いするという方法があります。一定の研修を受けた介護職員は、痰の吸引を行うことができます。

ただ実際はホームヘルパーは研修を受ける義務がないため、自発的に研修を受けて、吸引ができるようになっている方は、かなり少ないと思います。一度ケアマネジャーに吸引できるホームヘルパーがいるか確認してみてもよいかもしれないですね。

では、吸引が必要な状況になった時、家族は痰の吸引をしてもよいのでしょうか？　家族の場合は、看護師の指導によって、吸引の仕方を身につけていれば、行うことは可能です。

しかし、決して無理はしないでください。

吸引は、何度か練習したら誰でもできるようになるため、そこまで難しいものではないです。ただし、舌がんのような口腔内のがん患者さんの場合、大きくなったがんに、吸引の専用チューブの先端があたり、その刺激で出血させてしまう可能性もあります。

患者さんの姿を見ると、つい何とかしてあげたいと思うものですが、難しいと思ったら、医療従事者に委ねても大丈夫です。

緊急時はどうする？ 医師への連絡、到着まで家族がすること

死が直前に迫ってくると、170〜172ページに紹介したような体の変化が起こってきます。

だんだんと体が動かなくなり、言葉数も減り、目はつむったままの状態になります。

この時期になると、月4回などと決めてある訪問診療以外でも、相談して訪問回数を急遽、増やしたりすることは可能です。

なお、看護師が不在の時、患者さんが亡くなっているのを発見した時、まずは一呼吸おいてから、家族は在宅医に連絡を入れてください。

すぐにつながらない場合、数分時間をおいてからかけ直してみてください。医師も移動中だったりして、すぐ電話にでられない状況かもしれません。焦らないでください。またその間、訪問看護ステーションにも連絡を入れてください。

在宅医が到着したら心停止・呼吸停止・瞳孔散大と「死の3兆候」を確認したら、その場で死亡確認をします。

こうして故人が自宅で亡くなったら、まず在宅医に死亡診断書を発行してもらう必要があります。死亡診断書とは、「人の死亡を医学的・法的に証明する書類」です。

そのため記入者は、医師と歯科医師に限られます。死亡診断書がなければ、火葬や埋葬は許されません。

故人が病院に入院している場合は、担当医師が死亡診断書を発行します。一方、訪問診療の場合は、ずっと故人の診察を行ってきた在宅医（医師）が死亡診断書を交付します。

この場合、たとえ死亡直後に立ち会えなくても、連絡をもらって在宅医が自宅に到着した死亡後に改めて診察を行い、生前に診療していた病気による死亡だと判定できる場合は、死亡診断書を交付することができます。

また、最終の診察後24時間以内に患者が死亡した場合は、担当医師は、改めて診察を行うことなく、死亡診断書を発行できます。なお、在宅医療の場合、患者が亡くなったと思えても、あるいは緊急の事態だと思えても、救急車を呼ぶ必要はありません。

救急車を呼ぶと、まったく関係のない病院に運ばれることになり、いろいろな事情聴取を受けることになります。「訪問診療を入れています」といっても、不審死や事故死を疑われることもあります。

また、救急隊員がきた時点で、死亡が確認されると、警察を呼ぶこともあります。家で死亡した場合は、事件性があるかもしれないと判断されるからです。

そうすると、警察官がやってきて、現場検証が行われます。その場合、遺体を検視に回され、解剖される可能性もあるかもしれません。

慌てて救急車で病院に運ばれてしまったら、穏やかな最期を迎えられなくなってしまいます。それだけに、家族としては救急車を呼ばないで、訪問診療先に連絡を入れることが大切になってくるのです。

前もって、葬儀屋の準備をしておく

病院で亡くなった場合、その遺体は霊安室に運ばれ、その後、病院が提携している葬儀屋の手配によって、葬儀会場などに運ばれて行きます。あるいは、事前に家族が葬儀屋を決めておき、そこに連絡を入れる場合もあります。

ちなみに、後者のほうが事前に見積もりもとれるため、事前の心構えができます。

では、自宅で亡くなった場合は、どうなるのでしょうか。

在宅医療先は、基本的に葬儀屋の手配まではしません。亡くなる前の早い段階で、葬儀屋を決めておかないと、遺体が家に居続けることになります。8月の猛暑日ともなれば、その暑さで、遺体はすぐに傷んでしまいます。

病院ではなく、在宅医療を選択するということは、「人生の終わり方」を、自分で決めるということです。

この人生の終わり方というものは、「死去＝すべてが終わった」ではないと、私は思います。

お墓に入り、家族が一安心できた状態、ここまできて本当の意味ですべてが終わり、人生の終焉を迎えたことになるのではないでしょうか。

自宅で最期を過ごすと決めた場合、事前に葬儀屋の手配をしておくとよいでしょう。

また、参列者には誰を呼びたいか、家族で話し合っておいてください。昨今では、一般葬ではなく、コロナウイルスの影響もあるため、家族葬が人気になっています。参列者を制限して、家族や親族、親しい友人のみで行うのが家族葬です。しかし、このスタイルを選ぶと、「故人に挨拶がしたかったのに……」という人も出てくる可能性もあります。

ちなみに、参列者を制限するため、香典収入が期待できないという側面もあります。こうした長所・短所を考慮しつつ、一般葬か家族葬か決めておきましょう。

葬儀を行う場所も決めておきます。「在宅医療を選んだのだから、葬儀も自宅近くの公営の葬儀場がいい」「知り合いが23区内に多いから、都心で行いたい」といった具合です。こうして葬儀の形が決まったら、インターネットなどで葬儀屋を探し、見積もりをとっていきます。

葬儀屋を決めておくと、本人も家族も安心感が生まれるものです。「亡くなったら、葬儀屋さんに連絡を入れれば、必要なことはやってくれる」という安心感です。

葬儀屋はプロですから、例えば、「1日は自宅で家族と過ごす」と希望を伝えたら、ドライアイスで腐敗するのを防止し、遺体保存に努めてくれるのです。

家族の喪失感は、当然と受け止める

グリーフケアという言葉をご存じでしょうか。グリーフとは「死別による深い悲しみ」という意味になります。

皆さんは、家族で看取るという選択をしました。それは強い思いと絆があったからこそ、そうした選択ができたといえます。

それだけに故人が亡くなったあと、遺された家族を襲う深い悲しみは、かなり強くなることが考えられます。

大切な人を亡くすと、まずはショック期が訪れます。その後、喪失期、閉じこもり期を経て、人は再生期に向かうといいます。

しかしながら、回復していく過程は、人それぞれで、なかなか喪失期から抜け出せないこともあります。再生期に入ったのに、喪失期に戻ってしまうこともあります。

こうした深い悲しみを抱える人に寄り添って、立ち直るのをサポートするのが、グリーフケアです。グリーフケアの一番のポイントは「悲しい感情を抑え込まない」ことです。

グリーフケアが必要な場合、葬儀屋が連携しているカウンセラーや医療従事者に相談してみるとよいでしょう。他には、日本グリーフ協会が主催するグリーフケアを受けるという方法もあります。

また、個人でできる方法もあります。例えば、まず今の自分の感情に素直になります。そして、感情を思いきり外に吐き出していきます。家族や親しい友人などに悲しみや後悔、怒りを、どんどん言葉にしていくのです。

また、じつは葬儀自体もグリーフケアの1つです。さらにいえば、法要やお墓参りなどの供養も、グリーフケアといえます。

決して人や自分を責めたりしないでください。誰かを傷つける行為は故人の方も望んでいないはずです。

気持ちを落ち着かせるのは、少しずつでかまいません。いつか「家で看取ってよかったね」と、心から笑える日がくれば、大切なあの人も喜んでいるのではないでしょうか。

看取りの担い手「看取り士」の力を借りる

多死社会に向けて患者さんを看取る存在として「看取り士」という職業の方がいます。この資格を持っている方は今全国に１０００人程います。民間資格であり、資格ができて日も浅いため、看取り士の存在は身近ではないかもしれません。

看取り士の仕事は終末期の方の話を傾聴したり、また、呼吸を合わせを行なったり、家族や相談者に対してプラスの死生観を伝えます。

そして旅立ちの瞬間、傍に寄り添います。必要であれば終末期から納棺前までの相談にものります。看取り士の役割はご本人の希望する場所で悔いがないように旅立ちの支援をすることです。とても心強い存在です。

気になる方はインターネットなどで調べてみてもよいかもしれないですね。

おわりに

国連が世界幸福度ランキングを発表しました。これは「持続可能な開発ソリューション・ネットワーク（ＳＤＳＮ）」が毎年作成しているものです。２０２１年の日本の順位は56位でした。これは先進国の中でかなり低い順位ではないかと思います。

この順位になった理由として、日本は「自由度」と「寛容さ」の低さが原因であると、考察している方がいました。

この結果は、私は法律的な制約よりも、精神的な縛りが強いからだと考えます。もっと端的に言えば「当事者が周囲に流されず、自己決断ができない」ことと「周囲が古い価値観から脱却できず、新しい考えを取り入れようしない」からだと思います。

例えば進学や進路、就職など人生の大きな決断が必要な場面で、自分が進みたい方向性があるにもかかわらず、周囲や他の人は反対意見を述べる。だからこそ、自分の選択に迷いや躊躇が生まれ結果、周囲の顔色を伺い、摩擦をさけるために他者の意見に従う。その方が疎外感なく、安心感が生まれるのでしょう。しかし、自身の大切な人生を、自分で決断しなくて本当によいのでしょうか。

自分で決めるということは、自分自身で納得してその選択をした、ということです。自由であり、だからこそ時に、責任が伴うこともあります。

しかし、大変さや苦労があっても、最終的にはどんな結果でも自分が決断したからだと納得がいきます。もしも、決断を人に委ねていたら、事態が悪くなった時に、どうしても人に責任転換をしてしまいます。人生において、良いことだけがずっと続くことは、ありえません。事態が悪くなった時にどう向き合うかが大切であり、その時に自分自身で振り返り、改めることができるかが大切だと思います。

皆さんは大切な人生の決断を人に委ねてそれでよいと、本当に思いますか。

また日本人の幸福度の低さの要因として、日本人の性質である「型にはめる」文化が顕著なのも理由だと思います。

個性や特性を出すことを良しとせず、皆が同じことを言い、同じことをする人を仲間として、認めようとします。そのため、違う考えの人や新しい考えの人を認めず、排除しようとする意識が働きやすい傾向にあります。「皆が同じ」という考えで連帯感や一体感をはかろうとしているのです。そして、みんながしていることが「正しい」「安心・安定する」といった錯覚に陥りやすいのです。

しかし、この考えに疑問が沸きます。そもそも異なる人同士を「同じにする」という考えに無理があるように感じます。

例えば船に乗り、目的地に向かう時、そこには船長・副船長・航海・機関長・機関士・通信長・通信士の多くのクルーがいます。みんなが同じ場所にいて同じことをしていたら、船はたちまち、方向性を見失い、前には進めなくなります。世の中も同じだと考えます。

「人は皆違うものであり、それが当たり前」そう考えた方が自然ですし、健全だと思います。みんな違う考えをもっているけど、目的や見ている方向性は同じ。それぞれ、役割が異なるため、皆違ってよいのです。否定するのではなく、違いを受け入れるのです。

皆さんは人生において、これまで多くの取捨選択をしてきたと思います。その集大成ともいえるのが、人生の終焉の選択だと私は考えます。

病院で入院する患者さんをみてきて思うことがあります。ほとんどの人が自分の意思があっても、最終的な決断を家族がすることが多いのです。本人も看取られる側だからこそ、気が引けると考えるからのでしょう。また「死」が「怖い」「不安」だからこそ、目を背け、自分では選択せずに大切な決断を人に委ねているように感じます。また家族も大切だと思うからこそ、相手の意思を尊重するのではなく、自分の願いを伝え、自分が思う方向に導こうとします。

同じ人生を歩む人が一人もいないように、同じ最期を迎える人もまた、誰一人としていないのです。「世間がこうだから」「家族がこうだから」と言わず、自分が望むからこそ決断するという「自己決断力」を患者さんには持ってほしいと思います。

そうでなければ、後悔が残りますし、また幸福を感じられないと思います。最期の瞬間まで人に合わせて、妥協しなくてもよいのです。自分の幸せだと思う選択をしてよいのです。

もし不安や心配があれば、それを周囲に伝えてください。話を聴いてもらうことで、心理的負担は軽減できます。また、家族も本人の幸せを願い、心の底から思いやるのなら、患者さん自身が決断したことを、受け入れてほしいのです。

すぐに受け入れができないのなら、選択した理由や決断に至った過程を聞いてみると、理由と決断が一致して、受容できるかと思います。最初にお伝えしましたが、「幸福度」と「自己決断力」の関係は比例します。決断するといっても何も一人ですべてのことを背負うわけではありません。物事を実行するには必ず人の力が必要になってきます。患者さんは、抱え込みすぎないでくださいさい。そして、家族や周囲の人は患者さんの意見を尊重して、支えが必要な部分は手を差し伸べてあげてください。

みんなで一体となり「最期は自宅で幸せに過ごす」サポートをしてください。よりよい最期を迎えられるには、多くの人の協力が必要不可欠だと思います。

それでは「人生最期の日が、最高に幸せな時間」になることを心より願っております。

大軒　愛美

【著者プロフィール】

大軒愛美（おおのき・まなみ）

正看護師、心理カウンセラー、看取り士。名古屋の看護学校を卒業後上京し、都内の総合病院に就職。その後、個人病院、東京医科大学病院、順天堂大学医学部付属順天堂医院、獨協医科大学埼玉医療センターにて勤務。これまで手術室・救急外来・病棟にて臨床経験を積む。手術室看護師として脳外科・心臓外科・整形外科などすべての診療科を回り、携わった手術件数は５０００件以上。救急外来では６０００人以上の患者と関わり、病棟看護師として担当患者数は１５０００人を超える。２０２０年４月自主志願してコロナウィルス病棟に勤務。看護歴は16年になり、現在は誰もが「より良い最期」を迎えられるように終末期医療に力を注いでおり、地域包括ケアなど活動の幅を広げている。

本人と家族のための
自宅で最期を迎える準備のすべて

二〇二一年（令和三年）八月五日　初版第一刷発行

著　者　大軒愛美
発行者　石井 悟
発行所　株式会社自由国民社
　東京都豊島区高田三－一〇－一一
　〒一七一－〇〇三三　https://www.jiyu.co.jp
　振替〇〇一〇〇－六－一八九〇〇九
　電話〇三－六二三三－〇七八一（代表）
印刷所　プリ・テック株式会社
製本所　新風製本株式会社